KINTSUGI

Dedicato a chiunque abbia fallito
anche più di una volta nella vita,
agli afflitti dal dolore lacerante,
affinché trovino spiragli di nuova luce
che possa illuminare
con rinnovata forza
il loro cammino.

"C'è una crepa in ogni cosa.
Ed è da lì che entra la luce."

- Leonard Cohen

Gioacchino Allasia

IL DOLORE CHE AIUTA
KINTSUGI

Sofferenze e difficoltà
come vie di trasformazione

MACRO

Cesena • Paris • Montréal • Barcelona • Madrid • Santiago de Chile

www.gruppomacro.com

Il CISE, Centro per l'Innovazione e lo Sviluppo Economico, ha attribuito al Gruppo Macro, il marchio di Impresa Etica

Coordinamento editoriale	Ivano Barocci
Revisione	Sabrina Servucci
Coordinamento grafico e copertina	Roberto Monti
Impaginazione	Valentina Pieri
Immagini	Le immagini utilizzate per copertina ed interni sono di Exit/Enter - @exitenterk (v. pagg. 10, 33, 40, 58, 69, 72, 92, 98, 113, 116, 118, 122, 139, 173, 188, 207)
Stampa	Tipografia Lineagrafica, Città di Castello (PG)

Collana "Medicina Psicobiologica"

un marchio del Gruppo Macro
Via Giardino 30, 47522 Cesena (FC)
ISBN 9788828504306

SUSTAINABLE WOOD FOREST
La cellulosa utilizzata per la produzione della carta su cui sono stati stampati gli interni di questo libro proviene da foreste amministrate.

ECF CARING FOR NATURE
La cellulosa utilizzata per la produzione della carta su cui sono stati stampati gli interni di questo libro è sbiancata senza utilizzo di cloro (ECF). Questa carta è riciclabile.

Gli inchiostri utilizzati per stampare questo libro non contengono composti organici volatili, sono esenti da oli minerali e sono con base vegetale, ambientalmente compatibile.

PREFAZIONE

Mi sono lanciato nel trattare argomenti delicati, cercando di accendere una nuova luce sul tema delle ferite emozionali, del trauma e del disagio, condizioni comuni a chiunque viva un'esperienza di incarnazione su questo minuscolo puntino azzurro sperduto nell'infinito cosmico e chiamato pianeta terra.

Così conclude il suo libro Gioacchino, e la luce che ha acceso è di quelle che restano dentro, piccole fiammelle pronte a far chiarore quando la vita diventa oscura e pesante. L'arte di chi cura non è solo quella di far passare il sintomo e di fare in modo che questo non si ripresenti, ma soprattutto quella di accendere speranza e positività. Di trasformare cioè la malattia, l'evento negativo o la difficoltà in nuovo materiale, utile e prezioso, un'impensata e insperata ricchezza. Lo sanno bene i bambini, che da ogni caduta prendono maggiore slancio per poter camminare; lo sanno bene i poeti, che dalle ferite della vita impastano parole leggere; lo sanno bene gli amanti, che mescolano i baci alle lacrime.

Imparare l'arte della resilienza, cioè quella capacità di assorbire le difficoltà senza farsene travolgere, è lavoro difficile e duro se non permettiamo proprio a quella difficoltà di modellarci, se ci ostiniamo a sentirla nemica ed estranea: lasciarsi attraversare dalla sofferenza, renderla amica e alleata diventa invece una risorsa.

"...ogni crepa può lasciare spazio a una nuova luce, ogni frattura può essere rimarginata con risorse preziose che altrimenti non avremmo mai avuto la possibilità di conoscere e utilizzare. E quando avremo sanato le ferite, ricordiamoci che le cicatrici rimarranno per sempre ma ci avranno forgiato a nuova vita. Non saremo mai più quelli di prima."

E il senso della vita non può essere quello di raggiungere una forma che avvertiamo come definitiva, mai, a nessuna età, ma piuttosto quello di continuare a crescere, faticosamente, lentamente, con pazienza ed umiltà, ogni giorno.

Di questo ci parla Gioacchino in questo bel libro, che sarà utile non solo a chi ha fatto della "cura" la sua professione: tutti noi siamo in fondo chiamati a prenderci cura, come esseri umani, come figli di un cielo che ci vede intessuti di relazioni.

A ciascuno di noi il compito di curare le nostre e altrui ferite, ginocchia sbucciate e lividi del corpo e dell'anima, di chi ci accompagna in questo cammino complesso, ignoto, a volte assurdo, ma pur sempre affascinante che è la nostra vita. E che sa sempre di miracolo.

Don Luigi Verdi
Fondatore della Fraternità di Romena (AR)

PREMESSA

*"Quando si attraversa un periodo difficile,
quando tutto sembra opporsi a te...
quando senti che non potresti sopportare
un altro minuto, non mollare!
Perché è quello il momento e il luogo
in cui il destino cambierà."*

- Rumi

Con questo libro, che tratta temi legati al dolore e alla sofferenza, non ho alcuna intenzione di sostituirmi al prezioso e fondamentale lavoro di specialisti medici che operano ogni giorno per aiutare persone in preda a crisi e a difficoltà psicofisiche emozionali e mentali di varia natura. Chi avesse problematiche serie legate ai temi trattati nel libro è assolutamente pregato di rivolgersi al suo medico di fiducia onde farsi consigliare la cura più adeguata.

Sono un fervente assertore della Medicina Integrata per cui credo che, quando si affrontano temi legati alla salute e alla malattia, sia assolutamente necessario cercare forme naturali di integrazione. Bisogna ricordarsi che ogni fenomeno è transitorio e che tutto può accadere in qualunque momento. Nei casi di estrema necessità dobbiamo assolutamente ricorrere alla medicina ufficiale e ai suoi metodi di cura ma è altrettanto vero che possiamo attingere a straordinarie risorse da metodi naturali che rispettano l'integrità dell'individuo e ne promuovono la salute a tutto tondo.

Quello che mi sento di consigliare vivamente a chi si ritrova in situazioni di reale e consistente disagio di salute è di scegliere con accuratezza i terapisti da cui farsi aiutare.

Ciò vale inconfutabilmente sia per l'ambito medico sanitario che per le cosiddette "terapie naturali". Dare fiducia a un'altra persona quando si tratta della nostra salute è un momento molto delicato e importante, soprattutto nel caso si debba forzatamente entrare in un ospedale. Ricordiamoci sempre che nessuno è uguale ad un altro, non tutti i medici allopatici sono uguali, come non tutti gli agopuntori e gli omeopati lo sono, né tanto meno gli operatori del benessere. Dobbiamo sempre esigere il meglio da chi è preposto ad aiutarci. Sembrano dettagli trascurabili invece sono molto importanti al fine di trarre il meglio da una strategia di cura con finalità di guarigione.

La guarigione può arrivare sempre ed esclusivamente da sola ma con l'aiuto di tutti, nessuno escluso, sia esso medico, paramedico o operatore olistico. Quando siamo in difficoltà ricordiamoci che la prima cosa importante da fare è imparare a chiedere aiuto; certo ci dobbiamo mettere del nostro e impegnarci a fondo nel tirar fuori tutte le risorse di cui disponiamo, ma da soli è molto difficile farcela.

In questo lavoro ho preso spunto dal bellissimo libro di Lise Bourbeau *"Le 5 ferite e come guarirle" (Ed. Amrita),* per trattare singoli disagi legati a traumi subiti nell'infanzia e dare dei piccoli ma sostanziosi consigli. È bene chiarire che non sono psicologo né psicoterapeuta, lavoro sul corpo da tanti anni e continuo la mia ricerca ogni giorno sulla meraviglia del nostro organismo e le sue reazioni naturali a ciò che incontra nel suo percorso di vita. Non possiamo separare mai il corpo dalla psiche, siamo un tutt'uno, pertanto credo sia assolutamente necessario prendere in considerazione entrambi se desideriamo avere una visione chiara su quanto accade nel momento in cui subiamo dei disagi inaspettati e, il più delle volte, non voluti. Di proposito, nel trattare il tema delle ferite emozionali, ho evitato di dilungarmi su quanto già scritto e detto da persone, terapisti e maestri molto più autorevoli di me, soprattutto nel campo della psicologia. Ho riportato ovviamente dei riflessi tratti dagli insegnamenti di Lise Bourbeau ma la maggioranza dei contenuti derivano direttamente dalla mia esperienza personale con le migliaia di persone che ho trattato e avuto come allievi nel corso di tanti anni di studio e lavoro. Tutto questo mi ha fatto riflettere su come, ogni volta in cui ci troviamo in seria difficoltà nella vita, si aprono prospettive e nuove possibilità di realizzazione nonostante la sofferenza.

Da qui il riferimento alla *Resilienza* e ai suoi molteplici significati che sottolineo più volte nel libro che prende in considerazione, tra altre risorse importanti, il tema del mito e dell'archetipo per aiutare la gente in difficoltà senza apparente via di uscita. Per questo motivo per ogni singola ferita ho scelto di descrivere estratti di biografie di personaggi conosciuti che pur avendo subito abbandoni, rifiuti, ingiustizie, umiliazioni e tradimenti hanno saputo trasformare la propria vita tirando fuori il meglio, partendo proprio dalle loro, a volte, terribili difficoltà reali. Tutto ciò, come sottolineo più volte nel libro, non significa che queste persone, diventate famose nel mondo grazie alla trasformazione delle loro ferite, siano diventate felici perché ognuno ha il suo percorso che dipende da molti fattori. La sofferenza tocca tutti quanti ma sapere che esistono tante persone, che attraverso il disagio patito sono riuscite a emergere al meglio e spesso a condizionare in maniera positiva tanta gente, può essere davvero un valido aiuto per chi soffre e si sente afflitto.

Il mio vuole essere un'umile condivisione su un tema complesso attraverso l'utilizzo creativo di varie risorse, siano esse culturali, esperienziali o naturali. Ribadisco, non voglio sostituirmi a chi, a maggior ragione, è preposto e preparato assai più di me a trattare casi e situazioni delicate e complesse con strumenti mirati ed efficaci. Infatti in alcune parti del libro troverete contributi di professionisti esperti che hanno accettato molto gentilmente di darmi una mano, che conoscono direttamente le materie trattate e a cui va tutto il mio ringraziamento.

Nel 2013 ho contratto da un giorno all'altro una grave malattia neurologica, la mielite encefalica. Ho toccato direttamente con mano cosa significhi la disabilità visto che non camminavo più ed ero destinato, secondo i normali canoni della scienza medica, a passare il resto dei miei giorni con una forte invalidità permanente. Al peggio potevo anche morire ma il destino che qualcuno chiama karma ha deciso che dovevo sopravvivere e, dopo un lungo calvario durato alcuni anni, sono tornato a stare bene e a fare una vita normale. Come ho fatto a salvarmi? Perché, dopo grossi errori iniziali di diagnosi, ho trovato sulla mia strada neurologi eccellenti, che oltre alla loro competenza, hanno un grande cuore. E accanto a loro tantissime anime speciali e meravi-

gliose che, attraverso il loro amore, espresso in trattamenti Shiatsu, Craniosacrale, Agopuntura, Omeopatia, Preghiera e tanto altro, sono riuscite a farmi rinascere. Da allora la mia vita è cambiata completamente, ora dispongo di una visione assai diversa da prima, non passa giorno che non dia la giusta importanza ai piccoli gesti quotidiani quali camminare, muovermi liberamente nello spazio, leggere, parlare con chiunque e tanto altro. Tutte piccole cose, apparentemente scontate ma, posso garantire, essenziali per la vita. A monte di tutto ciò il mio lavoro di formatore in Biodinamica Craniosacrale ha acquisito una qualità che mai avevo toccata in precedenza. Senza alcuna particolare pubblicità che non sia il passa parola, vengono da me, nonostante la distanza, allievi da tutte le parti d'Italia. Mi rendo conto che adesso sono in grado di aiutare molto più di prima chiunque si rivolge a me per un consiglio o una sessione di lavoro e tutto questo lo devo all'esperienza della malattia che, da un lato, mi ha azzerato e devastato ma dall'altro ha enormemente rafforzato e forgiato una nuova e migliore qualità della vita.

Per chi volesse conoscere meglio quanto accaduto, ho scritto assieme ai due medici che mi hanno salvato "*La Via del Ritorno alla Vita" (Infinito Edizioni).*

Dalla terribile esperienza vissuta ho compreso quanto il disagio e la difficoltà, pur toccando momenti di dura afflizione, possano essere forieri di risorse incredibili che rafforzano il nostro vivere donando nuove e imprevedibili possibilità. Tutto questo viene definito RESILIENZA, da qui è nata l'idea di questo libro.

INTRODUZIONE

"Il mondo spezza tutti quanti, e poi molti diventano forti nei punti spezzati."

- E. Hemingway

Ognuno di noi si trova ad affrontare nella propria vita situazioni di difficoltà e disagio fin dal periodo prenatale, passando attraverso l'esperienza del parto per poi sperimentare momenti di sofferenza fisica o emotiva di vario genere. Quante volte ci è capitato, durante il nostro percorso incarnato sulla terra di sperimentare problematiche complesse di varia origine che ci hanno messo a dura prova a ogni livello: fisico, psichico, emozionale e spirituale. Ogni volta ci chiediamo il perché di questi eventi che sembrano arrivarci dall'esterno. Quando tocchiamo da vicino il dolore reagiamo il più delle volte come se la cosa fosse di pertinenza esclusivamente nostra e di nessun altro. Poi, con l'esperienza diretta, ci rendiamo conto di non essere i soli in quanto qualunque essere senziente si trova a esperire la sofferenza nella sua vita. E così, una perdita improvvisa, una separazione affettiva, una malattia nostra o di un nostro caro, un incidente, un trauma inaspettato possono cambiare da un momento all'altro la nostra esistenza.

L'Organizzazione Mondiale della Sanità ha di recente stabilito che entro pochi anni la depressione sarà di gran lunga la malattia più diffusa sul globo terrestre. Patch Adams, il più grande medico clown del mondo (grande in tutti i sensi visto che è alto due metri), reso famoso dal bellissimo film recitato dal meraviglioso e sempre compianto Robin Williams, sostiene che quando parliamo di depressione dovremmo chiamarla solitudine. Ho avuto la fortuna di incontrare e conoscere bene Patch e sono ovviamente assolutamente d'accordo con lui sulla causa reale della depressione; oltre alla solitudine mi permetto di aggiungere anche altre ragioni che la scatenano: le ferite emozionali. Molte persone che soffrono di depressione cronica spesso se non sempre, non sono state viste né ascoltate da bambine, hanno subito rifiuti, abbandoni, umiliazioni, tradimenti o ingiustizie. Molte volte le stesse ferite, i disagi anche più esacerbati possono essere forieri di grandi cambiamenti e trasformare il dolore in straordinarie risorse.

Patch Adams
(Foto su g.c. di Cristina Finotti)

NULLA RIMANE UGUALE, TUTTO CAMBIA E SI TRASFORMA

Se esiste davvero una verità, questa è espressa dall'assoluta impermanenza di qualunque fenomeno che ci troviamo a vivere nel corso di tutta la nostra vita. Nulla rimane uguale, tutto cambia e si trasforma, non esiste un solo attimo, né un solo singolo respiro che sia uguale a quelli vissuti in precedenza e a quelli che verranno in seguito. Il vivere qui e ora diventa una sfida per la maggioranza delle persone alienate dal sempre più crescente stress della vita moderna. Fermarsi con regolarità ogni giorno anche soltanto per pochi minuti stando ad ascoltare in silenzio il proprio respiro, come fanno gli animali, è diventato un tabù per l'essere umano alienato dei giorni nostri. La maggioranza delle persone vive come se non dovesse morire mai e fa molta fatica a comprendere che, in realtà, sta morendo ogni giorno senza il vivere.

Mentre viviamo giorno dopo giorno facciamo sempre più fatica a renderci conto di qualunque cosa ci può succedere, nel bene e nel male, in qualunque istante della nostra vita. Pensiamo soltanto alle terribili esperienze vissute dalla gente che si ritrova coinvolta in tragedie improvvise come nel caso di calamità naturali, terremoti, alluvioni, ecc. Fino al giorno prima dell'evento queste persone vivevano una vita assolutamente normale e si ritrovano da un momento all'altro senza più una casa, con prospettive future incredibilmente incerte.

In qualunque argomento di discussione è sempre auspicabile evitare di generalizzare perché ogni situazione vissuta da un singolo individuo è assolutamente diversa da un'altra, sia per il vissuto del protagonista che per la situazione logistica e ambientale in cui si svolge l'esperienza. C'è da notare, però, un particolare evidente che balza agli occhi in qualsivoglia fenomeno di cambiamento radicale, anche il più drammatico, che molto spesso richiede tempo a manifestarsi ma alla fine arriva: il disagio, anche il più esasperato, si può trasformare in una nuova possibilità.

Questa reazione naturale viene definita in psicologia *Resilienza*, termine che indica la capacità dell'individuo di far fronte alle difficoltà ricavandone risorse positive che arrivano anche a mutare in meglio la propria vita pur mantenendo invariata la propria identità. Anche nello studio della tecnologia inerente ai metalli si parla di resilienza che, in questo caso, rappresenta la capacità di un materiale di assorbire un urto senza rompersi. Quindi possiamo dire che la resilienza rappresenta la capacità di adattamento ed è la base fondamentale della sopravvivenza di qualunque essere o oggetto fisico vivente.

KINTSUGI, UN'ANTICA ARTE GIAPPONESE

Un esempio straordinario, che rappresenta realmente l'essenza della resilienza, ci viene da un'antica arte giapponese di riparare oggetti di ceramica andati in frantumi: il *Kintsugi*. Mentre la maggioranza della gente una volta rotta una tazza o un qualunque oggetto di ceramica lo butta via, questa meravigliosa arte insegna a restaurare le crepe e le fratture con il metallo notoriamente più prezioso, l'oro.

E così, da un evento che sembrava disastroso, si arriva a creare il presupposto che esalta una nuova creazione, riportando in vita un modo diverso e anche assai più bello e prezioso di vedere le cose. Per cui la tazza, anche se diversa dall'originale, rimane tale ma appare in maniera diversa e sicuramente più interessante. Ogni ferita quindi, ogni crepa, ogni frattura, offre nuove possibilità di azione e di vita. Certamente ci vuole tempo e pazienza ma l'esempio del Kintsugi è davvero notevole e imparare a realizzarlo può rappresentare un ottimo modo per affrontare al meglio le ferite subite dalla vita. Ogni disagio si può trasformare in risorsa, questa è la via da seguire e osservare. Lo sanno molto bene i popoli emigranti per necessità che si ritrovano a dover lasciare le proprie case e i propri luoghi natii alla ricerca di pace e lavoro. Prendiamo proprio l'esempio del popolo italiano che nel corso della sua storia ha dovuto affrontare a più riprese il tema dell'emigrazione di massa. Da nord a sud e soprattutto viceversa, gli italiani hanno dovuto lasciare le loro terre d'origine per affrontare terribili viaggi della speranza e, non a caso, ovunque nel mondo troviamo dei nostri connazionali che, a distanza di anni, vivono e lavorano e, superati i durissimi primi tempi di ambientamento e pregiudizio razziale, sono riusciti a realizzarsi degnamente e decorosamente. La maggioranza di queste persone adesso vive nel pieno rispetto delle comunità dove opera e vive. Questo fenomeno è avvenuto, come ben sappiamo, anche su scala nazionale con le notevoli emigrazioni del dopoguerra dalle terre del sud al nord Italia alla ricerca di fortuna e di un "lavoro sicuro". Centinaia di migliaia di uomini e donne, prevalentemente di estrazione contadina, hanno lasciato i loro paesi di origine con le loro valigie di cartone per arrivare nelle grandi città industriali del nord Italia.

Tale avvenimento ha ovviamente creato un grosso disagio culturale e sociale per le innumerevoli difficoltà di ambientamento, ricerca di sistemazione, radicali cambiamenti climatici e capillare disagio nell'adattarsi a lavori alienanti di produzione. La gran parte degli emigrati dal sud verso i grandi agglomerati industriali del nord si è dovuta sistemare in quartieri urbani periferici desolanti e il gran parte delle volte isolati dal resto della città, ma tutte queste reali sofferenze hanno prodotto col tempo nuove culture che a loro volta si sono concretizzate attraverso fenomeni artistici di varia natura. Attraverso il mescolamento di etnie diverse sono nate famiglie oramai integrate e molte delle aree abitate negli anni cinquanta e sessanta dagli emigrati e considerate depresse all'epoca sono diventate adesso zone residenziali di elevato livello.

LA STORIA SI RIPETE NEL CORSO DEL TEMPO

Quanto sta accadendo adesso soprattutto nel nostro paese con il complesso e complicato fenomeno degli emigranti extracomunitari provenienti dall'Africa è, con le dovute differenze di provenienza e scopo, è la dimostrazione che la storia si ripete nel corso del tempo. Basti pensare che molti dei primi emigranti albanesi arrivati in Italia negli anni novanta adesso sono affermati imprenditori e danno da lavorare a tanti italiani. Questa è una realtà inconfutabile in assoluto.

Ora va messa in chiaro una cosa che va posta sempre al di sopra di tutte le disquisizioni espresse fino ad ora. Il fatto che la gente, attraverso difficoltà e patimenti, sia arrivata a vivere un certo benessere non significa necessariamente che essa sia felice. La felicità è uno stato interiore che si raggiunge esclusivamente attraverso un lungo percorso interiore di ascolto e pratica mettendosi in discussione costantemente. Affronteremo in dettaglio il tema della sofferenza con un capitolo dedicato. Quello che però voglio sottolineare è che nella vita, anche quando tutto sembra perduto qualcosa può ancora e deve succedere per offrirci delle possibilità di cambiamento e permetterci spesso di trovare realmente la nostra strada. La storia è piena di episodi del genere legati a grandi personaggi che hanno subito grandi ferite ma attraverso esse stesse sono riusciti a realizzarsi e a creare opere straordinarie in tutti i campi: arte, cultura, sport ecc.

Per questo motivo sono assolutamente convinto che dobbiamo riappropriarci di un eccezionale strumento utilizzato dalle grandi culture dell'antichità: la *mitologia*. L'uso infatti di figure positive in situazioni di emergenza e disagio può essere di grande aiuto per chi si ritrova in difficoltà dovuta a cause improvvise di varia natura. Tali figure portano con sé una storia molto spesso di sofferenza, di ferite subite che hanno col tempo temprato il loro spirito trasformando il loro malessere reale in risorse straordinarie fino a diventare più forti ma soprattutto persone realizzate. Alla base di tutto questo procedere sta una risorsa importante che si chiama resilienza. La *resilienza*, abbiamo già detto, è una parola che indica la capacità di far fronte in maniera positiva a eventi traumatici, di riorganizzare positivamente la propria vita dinanzi alle difficoltà, di ricostruirsi restando sensibili alle opportunità positive che la vita offre, senza alienare la propria identità. Sono persone resilienti quelle che, immerse in circostanze avverse, riescono, nonostante tutto e talvolta contro ogni previsione, a fronteggiare efficacemente le contrarietà, a dare nuovo slancio alla propria esistenza e perfino a raggiungere mete importanti.

LA STRAORDINARIA SAGGEZZA DELLA NATURA

Questo libro vuole offrire un ampia visione su come sia possibile affrontare i momenti successivi al disagio utilizzando, da un lato, esempi tangibili di grandi personaggi della storia che dalle loro sofferenze hanno saputo trovare la loro vera strada rafforzandosi giorno per giorno. Da un altro lato nel testo troverete una serie di piccole e consistenti risorse che possono aiutare ad attraversare la sofferenza con meno disagio. Tali risorse attingono alla straordinaria saggezza della Natura attraverso l'uso di essenze floreali, cristalli, Biodinamica Craniosacrale e approcci psicocorporei. Dal rifiuto all'abbandono, dall'umiliazione al tradimento per arrivare al senso di ingiustizia, senza parlare dei traumi legati a perdite improvvise, incidenti o malattie che ci mettono a dura prova, chi più che meno passiamo attraverso grosse prove durante il nostro effimero e fugace passaggio terreno. Ovviamente esiste un chiaro grado di differenza nel percepire l'entità dell'evento, vissuto sempre soggettivamente e, naturalmente, dal grado di consapevolezza di ognuno che varia sistematicamente da persona a persona.

Ciò dipende in gran parte anche dall'età in cui si manifesta il disagio (per esempio se il problema nasce durante il periodo prenatale sarà assai difficile per il bambino elaborarlo), dalla costituzione psicofisica del soggetto e soprattutto dalla quantità di risorse a disposizione dello stesso. Seppure sia vero che non si debba mai generalizzare, molto spesso i disagi si possono trasformare in notevoli risorse e la fatica che facciamo a venire fuori da problematiche complesse dovute a traumi ci offre straordinarie e inaspettate possibilità di realizzazione. Senza il disagio e le difficoltà non possiamo crescere e diventare forti, proprio come avviene in natura: una piantina cresciuta allo stato selvatico sarà assai più forte di un'altra vissuta in una serra protetta. La mia esperienza di vita è passata attraverso innumerevoli prove anche molto difficili e complesse, ho sempre tratto profondi insegnamenti da qualunque tipologia di evento accadutomi, in particolare quelli più difficoltosi dove mi è sembrato davvero di toccare il fondo. Da lì sono sempre ripartito con un bagaglio ancora più ricco onde alleggerire il cuore dal disagio e imparare qualcosa di nuovo da offrire a chiunque abbia poi incontrato sulla mia strada. Avere lavorato per decenni sul corpo come mezzo di consapevolezza, aver studiato e praticato discipline olistiche di varia natura mi ha consentito di accumulare una certa esperienza che con molta umiltà ho deciso di condividere con chi avrà voglia di leggermi.

Mi auguro di cuore che questo libro possa servire anche in minima misura a dare una mano e offrire aiuto a chi si trova a dover sperimentare afflizioni, disagi e ferite di varia natura. Con questo lavoro lungi da me l'idea di mettere a disposizione del lettore una panacea per i tanti mali della nostra vita, piuttosto vorrei che chi leggesse questa opera mi percepisse come un vecchio amico che dopo averne passate tante racconta senza enfasi ma in maniera naturale le proprie riflessioni esponendo delle possibilità di aiuto concreto. Il nostro passaggio sulla terra è notoriamente assai effimero e limitato nel tempo, per questo è importante cogliere ogni singolo momento della vita come unico e irripetibile, guardare con onestà alle nostre luci e ovviamente e soprattutto alle nostre ombre. Il compito di ogni individuo vivente deve essere quello di guardare il più possibile ai lati positivi di qualunque vicenda ci capiti, anche se in certe situazioni di estremo disagio questo è molto difficile da fare e pare spesso addirittura impossibile. Tutto cambia e si trasforma nel tempo e se siamo consapevoli della costante impermanenza di tutti i fenomeni la nostra vita allora potrà diventare, anche nei momenti più difficili come quando tutto sembra perduto, come nel Kintsugi, una rinnovata arte di ricostruzione e bellezza.

Gioacchino Allasia

ABBREVIAZIONI UTILIZZATE

DV	Dorso Vagale
NS	Nervo Simpatico
PNEI	Psiconeuroimmunologia
SE	Somatic Experiencing®
SNA	Sistema Nervoso Autonomo
SNP	Sistema Nervoso Parasimaptico
SNS	Sistema Nervoso Simpatico
VD	Vago Dorsale
VV	Vago Ventrale

1. UNA VISIONE DIVERSA DELLE COSE

"Un vero viaggio non è cercare nuove terre ma avere nuovi occhi"

- Marcel Proust

In un antico racconto africano si narra come siano nate le religioni. Una notte totalmente buia, dove la luna era praticamente assente e il cielo oscurato dalle nuvole, una tribù cacciò, senza aver alcuna idea di quale animale si trattasse, un grosso elefante e a fatica riuscì a portarlo verso il villaggio. Appena rinchiuso in un recinto presidiato da molti membri indigeni, tutta la popolazione si riversò verso l'animale per poterlo toccare e comprendere cosa fosse in realtà. Sempre rigorosamente al buio le mani degli abitanti del villaggio iniziarono a palpare l'elefante catturato poco prima. Alcuni toccarono la coda e dissero "È certamente una rara specie di serpente!" Altri arrivarono a contattare le grandi orecchie del povero animale e sostennero si trattasse di un poderoso volatile. Altri ancora percepirono la massiccia presenza delle gambe e si affrettarono a contraddire i loro compaesani affermando che si trattava di un grosso animale di terra. E così i vari gruppi di indigeni che toccavano una sola piccola parte dell'elefante si fecero un'idea ben precisa su quale animale fosse entrando in piena competizione con tutti gli altri. Al termine della notte con le prime luci dell'alba tutti si accorsero di cosa era esattamente il misterioso animale e decisero di slegarlo e lasciarlo libero di pascolare nuovamente senza problemi.

La metafora dell'elefante non riconosciuto dagli abitanti del villaggio risulta molto chiara. L'animale rappresenta la verità, il Divino, che è Uno solo, e le varie interpretazioni dei singoli gruppi di persone che ne toccano soltanto una piccola parte simboleggia le varie religioni . Ognuna cerca di convincere gli altri in base alla propria singola verità senza tenere conto del fatto che ha toccato esclusivamente una piccola parte del tutto. E così nella realtà del mondo in cui viviamo accade la medesima cosa con le assurde guerre di religione che assillano l'umanità da secoli. Dio, la Natura è e non può che essere uno solo, uguale per tutti, senza distinzione di sorta. Lo possiamo chiamare in modi diversi ma su una cosa dovremmo essere tutti concordi: quello che percepiamo come il Divino è un'incredibile e non quantificabile energia cosmica che ci riporta all'infinito, cioè al non finito, all'Universo o ai Multiversi, allo spazio senza limiti. È dallo spazio infinito che può nascere la scintilla divina del finito, vale a dire del relativo incarnato che attraverso un meraviglioso viaggio arriva a manifestarsi, dopo innumerevoli cambiamenti di stato, alla vita vera e propria.

NON ESISTE UNA SINGOLA PERSONA UGUALE ALL'ALTRA

Tutto dipende quindi da come si osservano le cose, i fenomeni, le persone che incontriamo, le singole esperienze che viviamo inclusa quella fondamentale della nostra famiglia d'origine. Tante influenze tutte diverse tra loro plasmano il nostro vivere, il nostro essere, il carattere, ed è per questo che al mondo non esiste una singola persona uguale all'altra. Come del resto nessun fenomeno fisico è replicabile esattamente in natura a meno di manipolazioni dell'essere umano. Guardare le cose da punti vista diversi aiuta molto a farsi un'idea chiara su quanto stiamo vivendo ed esperendo.

È stato appurato dalla scienza che il nostro cervello ci fa vedere una realtà che molto spesso non è quella che ci sembra. Infatti, quanto iniziamo a sperimentare fin da piccoli, gradualmente ci fa adottare uno schema a cui il nostro cervello farà sempre riferimento nel corso degli anni, per questo la prospettiva ci inganna tante volte e la nostra percezione si riduce a dei contatti sensoriali sempre più bassi in termini di qualità. Il fenomeno poi dei cosiddetti neuroni specchio ci insegna come il cervello, come del resto l'inconscio, non distingue tra realtà e finzione. L'utilizzo delle metafore usate fin dall'antica Grecia nel teatro, assieme all'impiego del mito, per curare patologie psicosomatiche e spirituali anche serie è un esempio lampante. Potremmo dire in poche parole che "tutto è relativo" perché dipende da molti fattori e proprio per questo dobbiamo assolutamente riappropriarci della sacrosanta libertà di vedere i fenomeni che ci accadono da un altro e da più punti di vista.

Il grande reporter, inviato di guerra e scrittore Tiziano Terzani alla fine della sua avventurosa vita sottolineò come per lui, nell'ambito della sua professione, fosse assolutamente importante mettersi sempre dalla parte degli altri per poter comprendere bene cosa stesse accadendo. E così per capire bene cosa stesse accadendo realmente in Vietnam si mise dalla parte dei Vietcong, così fece con la caduta del comunismo nella ex Unione Sovietica ove volle toccare con mano il punto di vista dei dissidenti. Perciò il suo motto era "osservare sempre le cose da un altro punto di vista" in quanto la visione umanistica della nostra società, fondata assai più sull'apparire che sull'essere, impone alla massa di pensare sempre e solo nello stesso modo. Questo mette in estrema luce tutti i limiti della democrazia in quanto non è detto che la maggioranza abbia sempre la ragione ideale in mano. Ricordiamoci sempre che "democratico" non significa "equo", pertanto diffidiamo sempre dalle maggioranze e ascoltiamo bene cosa ci dicono invece le minoranze.

IL CUORE PUÒ DARE SE È PIENO

Ogni qualvolta ci imbattiamo in prove difficili sulla nostra strada proviamo, per quanto ci è possibile, a fermarci, a trovare un attimo di stacco e di quiete onde poter scorgere cosa sia meglio fare. Lasciamo che sia il centro più importante a guidarci: il cuore. Quest'organo incredibile che pompa sangue ogni istante della nostra vita, che detta il ritmo a tutto ciò che facciamo, che emana un campo elettromagnetico pari a tre metri di diametro, che governa le nostre emozioni e tutte le principali interazioni col mondo esterno. Il cuore può dare se è pieno, può aprirsi all'ascolto, può percepire chiaramente quale direzione dobbiamo prendere nella nostra vita e può darci la spinta coraggiosa nell'agire. Soprattutto c'è una qualità del cuore molto cara all'antica filosofia cinese che lo equiparava all'Imperatore: l'equanimità ovvero l'essere giusti. Attenzione, come già sottolineato in precedenza, essere giusti non significa assolutamente essere democratici. Il cuore non è mai democratico ma equo, che è assai diverso. Le tribù degli indiani d'America e degli Indios del sud America sapevano e tutt'ora sanno benissimo cosa significhi agire con il cuore. Pertanto avere il cuore al posto giusto significa percepire chiaramente cosa sia meglio fare in qualunque momento, cosa dire, quali parole usare e come interagire in generale anche in situazioni estreme. Come arrivare a fare questo? Allenandoci ovviamente.

A volte, se non sempre, si riesce ad essere assai più efficaci nel comunicare stando in silenzio piuttosto che inondare l'interlocutore di oceani di parole vuote. E allora proviamo ogni giorno, iniziando dalle piccole cose. Quando dobbiamo interagire con colleghi, amici, compagni e compagne, su temi di qualunque natura, prima di agire o parlare rallentiamo fino a fermarci qualche secondo nella quiete. Ascoltiamo brevemente come ci sentiamo nel cuore dopodiché lasciamo che l'azione, qualunque essa sia, nasca spontanea perché sarà assolutamente quella giusta in quell'istante. A volte poi può essere assai più utile e fruttuoso restare in completo silenzio piuttosto che parlare. Esistono vari modi di restare in silenzio di fronte a certe situazioni, non è per nulla facile e la maggioranza di noi fa davvero molta fatica a restare a bocca chiusa. Anche in questo caso basta semplicemente esercitarsi e iniziare gradualmente ad avere un buon controllo della nostra mente sempre pronta a creare confusione. Osservando il linguaggio corporeo tutti siamo in grado di capire cosa ci sia dietro a un silenzio da parte del nostro interlocutore: a volte sarà un silenzio offeso, altre volte arrabbiato e, nella migliore delle ipotesi, un atteggiamento saggio di colui che preferisce non dire nulla e semplicemente sorridere per esprimere il suo punto di vista. Anche queste modalità di comunicazione rappresentano un'evidente opportunità di guardare le cose da un altro punto di vista.

CIÒ CHE ERA VERITÀ, OGGI È TOTALMENTE DISCONOSCIUTO

Le ultime frontiere della scienza che studia il nostro cervello hanno determinato l'assunto secondo il quale, onde poter adattarci alla nostra evoluzione, noi umani siamo in pratica condannati a dover percepire la realtà che vediamo e viviamo non in maniera oggettiva. Avere una percezione reale di quanto abbiamo di fronte ogni giorno è, per la maggioranza di noi, praticamente impossibile. Inoltre quanto crediamo ai giorni nostri e che ci viene propinato dai media è assai diverso da quello che pensavano i nostri antenati soltanto un secolo fa. Tutta la nostra storia è assolutamente governata da narrazioni completamente diverse che si sono succedute e si succedono nel tempo. Così, quello che poco tempo fa veniva preso come la verità assoluta oggi è totalmente disconosciuto.

Pensiamo che fino all'epoca del Rinascimento si credeva che il fenomeno dei fossili marini trovati sulle cime dei monti fosse dovuto al diluvio universale, poi con l'avvento dell'Illuminismo ciò fu non solo disconosciuto ma considerato, come sempre ha fatto la scienza in questi casi, una truffa. Voltaire arrivò a sostenere che i fossili marini fossero stati lasciati sulle pendici delle montagne, non si sa proprio perché, durante il loro viaggio, dai pellegrini di ritorno dalla Palestina.

Oggi sappiamo finalmente qual è la vera ragione di questo fenomeno, dovuto al fatto che la superficie terrestre è molto plastica e mobile per cui quello che una volta era il fondo del mare si è sollevato diventando la cima di una montagna. Una spiegazione assolutamente diversa da quella creduta per secoli sia prima dell'avvento dell'illuminismo, nell'antichità, che in seguito. Si pensi che le Alpi fino a ventimila anni fa erano assai più alte di adesso. La loro conformazione è composta in gran parte da componenti fossili marini e sabbia del deserto derivanti dalla placca terrestre che dal nord africa si è spostata, nel corso dei secoli, verso nord. Ecco perché gli scienziati archeologi di fama mondiale sostengono che le Alpi fino a qualche decina di migliaia di anni fa, arrivassero a toccare oltre i ventimila metri di altitudine.

Viviamo pertanto di racconti, di narrazioni che, vista l'epoca in cui ci troviamo, ci vengono affibbiate dai mezzi di comunicazione di massa. E così la maggioranza crede e fa propri i modelli imposti dalla società dei consumi. Uno dei mezzi più micidiali che ha determinato una sorta di frittura dei cervelli negli ultimi decenni è sicuramente la televisione. La Tv è l'unico mezzo a cui non ci possiamo opporre, a meno che la spegniamo o decidiamo di non averla. Ciò che vediamo è totalmente virtuale eppure ci pare di sperimentarlo. Pure qui abbiamo una modalità diversa di osservazione che però manipola all'ennesima potenza la nostra capacità di percepire. Ormai da tempo la politica, l'economia, i rapporti sociali sono in gran parte derivati dal mondo virtuale artefatto propugnato dalla Tv che, se agli inizi ha avuto un'enorme utilità insegnando anche alle persona senza altre possibilità a erudirsi, adesso si è ridotta a un'arma micidiale di distrazione di massa manipolata dal potere. Diceva Pier Paolo Pasolini che il potere ha creato nuovi sudditi nel renderli consumatori. E così è sempre più adesso.

MOLTA COMPETIZIONE, POCA FRATELLANZA

Studiando l'essenza della biologia ci si rende conto che tutte le nostre cellule organiche vivono l'intera loro esistenza sulla base di risonanze e cooperazione. Ciò sta a significare che il microcosmo di ogni singolo individuo potenzialmente funziona su principi meravigliosi di pace ma la nostra società, al contrario, basa il proprio vivere esclusivamente sull'economia che a sua volta vive principalmente sulla competizione, e fino a che vi sarà competizione non ci potranno mai essere rapporti di fratellanza tra gli esseri umani. Il Maestro e grande pensatore Juddu Krishnamurti sottolineava il fatto che non appena ci affiliamo a una religione, a un partito, a un organizzazione che proclama una sua idea diversa dalle altre immediatamente entriamo in conflitto e seminiamo i germi della violenza al nostro interno.

Imparare a osservare rispettosamente tutti i fenomeni da punti di vista diversi ci aiuta a vivere meglio, a non assoggettarci, a cercare davvero la libertà interiore e a cogliere delle straordinarie opportunità anche da situazioni che ci sembrano estremamente complicate e complesse. Un'ottima possibilità che ci può aiutare a cogliere al meglio questo importante punto della nostra esistenza è studiare in modo approfondito come siamo veramente fatti noi esseri umani, come funziona davvero il nostro organismo, come veniamo concepiti e strutturati nei primi momenti di vita, come opera la nostra mente. Senza per forza voler diventare scienziati o medici, tutti noi abbiamo il sacrosanto diritto di sapere come veniamo al mondo e toccare con mano la meravigliosa macchina divina rappresentata dal nostro corpo. E ancora per rispettare il prezioso e fondamentale principio di guardare sempre tutto da un altro punto di vista, dovremmo iniziare a manifestare una piena apertura nei confronti di altre culture, scienze e filosofie lontane dalla nostra. Con gli strumenti che attualmente sono a nostra disposizione si aprono delle prospettive di apprendimento formidabili che soltanto fino a pochi decenni fa avremmo creduto decisamente impensabili.

Così lo studio della Medicina Tradizionale Cinese o della scienza Ayurvedica passando per quella Tibetana o quella Andina, ci offre uno straordinario panorama di informazioni derivate da millenni di esperienze. Se mettiamo da parte il nostro ego e ci consideriamo alla fine tutti uguali nelle opportunità di vivere una vita che ci conduca verso la felicità, attraverso l'apertura e l'importante integrazione verso culture altre, avremo sicuramente più frecce nella nostra faretra. In questa maniera ci renderemo sempre più conto della nostra meravigliosa macchina umana, che porta con sé un mirabolante potenziale senza limiti e, nello stesso tempo, una tangibile fragilità.

Un diverso modo di vedere le cose lo possiamo trovare quando trattiamo il concetto di "vuoto", tra occidente e oriente ci sono molte differenze a riguardo. In Oriente il concetto di vuoto assume per certi versi una dimensione, se non perfettamente coincidente, molto vicina alla vera natura di quanto esisteva prima dell'origine dell'Universo. In particolare la filosofia Buddhista trasmette in modo molto esaustivo il principio secondo il quale "vuoto" o "vacuo" è ciò che dobbiamo, non cercare di respingere o rifuggire, ma di fatto perseguire. La storia di Kisagotami e del seme di senape, riportata nella tradizione Buddhista, rende molto bene l'idea di una visione assai diversa del concetto di vuoto che abbiamo in occidente ai giorni nostri. Come molti racconti buddhisti può evocare comprensioni a vari livelli. Una giovane donna indiana di nome Kisagotami perse, a causa di una malattia, il suo unico figlio di circa un anno. Disperata, vagava di casa in casa, stringendosi al petto il cadavere del bimbo e implorando una medicina che lo facesse tornare in vita. I suoi vicini, credendo fosse impazzita, cercavano di evitarla. Ciò continuò per ore ed ore finché un uomo, preso dalla compassione, nel tentativo di aiutarla la indirizzò dal Buddha dicendole che lui disponeva della medicina che lei cercava. Kisagotami andò dal Buddha implorandolo in ginocchi di darle quella medicina. Il Buddha le disse "Ne conosco una che potrebbe fare al caso tuo ma ho bisogno di una manciata di semi di senape provenienti da case in cui non siano mai morti né bambini, né genitori, né coniugi, né servi". La donna si mise subito alla ricerca, entrò in tutte le case del paese ma alla fine si rese conto che era impossibile che esistesse una casa simile. Lasciò il cadavere di suo figlio nella foresta e tornò dal Buddha che le chiese "Mi hai procurato i semi di senape?", "No", rispose lei. "La gente del villaggio mi ha detto che i vivi sono pochi ma i morti sono molti". Il Buddha allora le disse "Pensavi di essere la sola ad aver perso un figlio? La legge della morte vuole che nessuna creatura vivente duri in eterno". Tempo dopo Kisagotami prese i voti e divenne una monaca buddhista. Si narra che ella una sera dalla cima di un collina vide in lontananza le luci che splendevano nelle case, apparve il Buddha e le fece fare la seguente riflessione : "La mia condizione e quella di tutti gli esseri viventi è simile a quelle lampade, ora splendono e un attimo dopo sono spente; soltanto coloro che raggiungono il Nirvana sono al sicuro".

ALLA RICERCA DI QUALCUNO CHE SI PRENDA CURA DI NOI

Nello Zen e nella tradizione esoterica buddhista Tibetana troviamo spesso riferimenti al tema della morte e dell'impermanenza dei fenomeni, ma oltre a ciò la storia di Kisagotami induce a riflettere sul tema del vuoto. La donna, cercando disperata una casa del suo villaggio dove non vi fossero mai stati morti, cerca invano di colmare il grande vuoto che sente dentro per la scomparsa di suo figlio. Tutto ciò è molto simile a quanto succede a noi quando, pervasi da un grande senso di vuoto interiore e intrisi dal dolore per una perdita o una separazione importante, cerchiamo in tutti i modi un appiglio per far si che il vuoto si colmi.

E così andiamo dal terapeuta, chiediamo aiuto ad amici e famigliari, alla ricerca di qualcuno che si prenda cura di noi. Entriamo quindi in un processo di elaborazione del lutto, che ci permetta di andare oltre il dolore e la disperazione che l'esperienza vissuta in precedenza ci ha arrecato. Il dolore ed il grande senso di vuoto interiore, che la perdita del figlio ha arrecato alla madre disperata in cerca di aiuto si trasformano soltanto quando lei inizia a vedere le luci delle case da lontano. La sua percezione ed il suo punto di vista cambiano, prende consapevolezza della vera essenza delle cose che mutano continuamente. Solo allora, quando la visione si fa più ampia, il dolore si scioglie e l'esperienza della perdita e del lutto si può integrare. La stessa cosa succede a noi, quando riusciamo ad andare oltre il dolore, al vuoto che ci distrugge dentro e troviamo gli strumenti e percorsi che ci aprono l'orizzonte ad una percezione diversa, più ampia ed universale.

Cambiare il punto percettivo sulle cose è un passo determinante per comprendere la vera natura dei fenomeni. Anche il vuoto, quindi, che nella nostra cultura viene in tutti i modi rifiutato, cela verità assolutamente fondamentali, e se guardiamo da vicino alla ricerca della sua essenza, troveremo relazioni fondamentali legate proprio all'origine dell'universo e, in seguito, all'origine della vita. Di fatto, la nostra società e la cultura moderna basano il loro operato sul "fare", su ciò che "si muove", "agisce" velocemente e infine "realizza". Viene sempre e solo considerato "attendibile" tutto ciò che è attivo e fattivo, il senso del profitto e della realizzazione materiale ne sono la piena conseguenza. Tutto ciò è assolutamente normale visto che la vita è sinonimo di movimento e azione e che, come abbiamo detto in precedenza, tutti i fenomeni nell'universo sono in costante espansione., ma l'espansione viene sempre determinata da un punto fermo di silenzio, proviamo pertanto a vedere le cose da un punto di percezione più ampio. Se noi non disponessimo di riposo non potremmo certamente essere poi attivi, questo punto è ovvio e scontato eppure durante le nostre giornate tendiamo maggiormente a concentrarci su ciò che dobbiamo fare piuttosto che su come e quando dovremmo fermarci.

PERCEPIRE LA VERA RAGIONE DEL NOSTRO ESSERE

La tendenza occidentale afferma sempre più la notevole difficoltà dell'essere umano a stare fermo, a privilegiare l'avere piuttosto che l'essere, a concentrarsi sempre di più su gli effetti dei fenomeni e sempre meno sulle cause. Questo vale in tutti i campi, come quello della Medicina moderna laddove l'operato concentra tutta la propria strategia principalmente sui i sintomi e sempre meno sulle cause dei disagi. Oppure in campo sociale, dove per contrastare fenomeni legati alla sicurezza e alla criminalità si persegue sempre più la strada della repressione piuttosto che quella della prevenzione. Se osserviamo la Natura, l'origine delle cose, della vita, il nostro effimero passaggio sul pianeta, che non dimentichiamoci essere infinitamente piccolo rispetto allo spazio infinito, abbiamo una grossa chance di percepire la vera ragione del nostro essere.

Alla fine, come nel metaforico racconto africano inerente la nascita delle religioni, ogni cultura, scienza, medicina diversa da tutte le altre cerca sistematicamente una cosa sola: alleviare, lenire fino a curare le malattie di tutti i tipi. Il che significa, guardando sempre le cose da un'altra prospettiva, cercare di contrastare il fenomeno incontrovertibile della sofferenza, che tocca ognuno degli esseri senzienti viventi sulla terra senza alcuna eccezione. Chi prima chi dopo, tutti noi abitanti su questo infimo puntino azzurro vagante nell'infinito chiamato pianeta terra dobbiamo affrontare il decadimento piscofisico e la sofferenza di un corpo che, come qualunque fenomeno relativo a questa dimensione, è effimero e transitorio.

2. LA SOFFERENZA

"Le cose come sono sono, soffriamo perché le avevamo immaginate diverse"

- Alejandro Jodorowsky

Nel fondamento degli insegnamenti dati da Buddha Sakyamuni 2500 anni fa nel celebre discorso tenuto ai suoi primi cinque adepti a Isipatana, l'odierna Sarnath, si fa esplicito riferimento alle cosiddette *Quattro Nobili Verità.* Si definiscono "nobili" sia in quanto insegnate dal Buddha, superiore rispetto agli esseri comuni, sia perché sono nelle condizioni di rendere nobili e superiori coloro che, in preda al contingente condizionamento determinante uno stato di quotidiana sofferenza, riusciranno a metterle in pratica onde raggiungere una condizione di felicità.

La prima Nobile Verità è costituita dall'esistenza delle cosiddette "vere sofferenze", cioè tutte quelle azioni in costante mutamento dal momento del concepimento, dalla nascita fino alla morte fisica che condizionano gli aggregati fisici e mentali di corpo, mente e parola. In pratica si afferma il concetto che nella vita ogni essere senziente sperimenta sulla terra la sofferenza espressa in vario modo. Già di per sé il parto che dobbiamo affrontare per venire alla luce è un momento assai delicato e faticoso. Un imprinting che ci portiamo dietro per tutto il resto dei nostri giorni.

LA PILLOLA FANGOSA DELLA VITA

Gli antichi Taoisti sostengono che appena nasciamo "*inghiottiamo la pillola fangosa della vita*", cioè siamo in qualche modo costretti ad accettare che il boccone è duro da digerire in quanto sappiamo che il nostro passaggio sulla terra sarà transitorio ed effimero. Un concetto espresso anche da Cesare Pavese affermando che "*La vita è rugosa*". Nasciamo, ci sviluppiamo, passiamo attraverso l'infanzia per arrivare all'età adulta e quindi verso l'età avanzata esponendoci tutti quanti a ogni genere di difficoltà: di salute, sociale, culturale, economica, emozionale e, non ultima, ancestrale dovuta a nodi familiari tramandati da generazioni e con cui dobbiamo avere a che fare. La sofferenza tocca chiunque in forme diverse e prendere coscienza di questo assunto è già, di fatto, un grande passo che ognuno dovrebbe fare sulla strada del proprio stato di consapevolezza con la giusta motivazione.

La seconda Nobile Verità si riferisce alle vere cause della sofferenza. Esse vengono tutte ricondotte alla fonte del disagio interiore dovuto alle afflizioni mentali e fisiche sperimentate dall'individuo. Si tratta di comprendere che la sofferenza è innanzi tutto la condizione di una mente che di continuo crea aspettative e desideri puntualmente frustrati dall'effettiva realtà impermanente del mondo. E che il disagio fisico, il dolore non è il preciso sinonimo di sofferenza, ma è la mente sofferente a produrre quelle condizioni esistenziali inadeguate, instabili e transitorie atte a favorire l'insorgere, sistematico prima o poi, del disagio a vari livelli. Secondo il Buddha è il desiderio, la ricerca di piaceri sensoriali fatui che includono anche le opinioni e credenze di ognuno, la vera causa delle nostre sofferenze. Accanto a tutto questo esistono anche cause ancestrali legate a tare ereditate dalla nostra famiglia di origine che porta con sé un crogiolo di problemi accumulatisi nel corso delle generazioni che ci hanno preceduto.

I NODI KARMICI, LEGATI ALLA LEGGE DI CAUSA E EFFETTO

Spesso certi imprinting familiari sono così forti e coercitivi che non basta neppure una vita a scioglierli, per cui, anche nel momento più importante della nostra vita, il concepimento, riceviamo messaggi biologici dai nostri genitori che ci porteremo dietro e, più gli eventuali nodi karmici, legati alla cosiddetta legge di causa e effetto, sono lontani e profondi, più il disagio sarà difficile da liberare. Esistono poi altri nodi assai complessi da elaborare, sempre legati alla nostra famiglia di origine, connessi al nome che ci hanno dato, alle professioni che magari per generazioni i nostri antenati hanno portato avanti e molto altro ancora. La famiglia è un vero e proprio sistema complesso e articolato che ha un grosso impatto e una notevole influenza sulla nostra vita. È dalla famiglia che viene molta della sofferenza che ci troviamo a dover affrontare durante la nostra vita sulla terra.

Nella terza Nobile Verità si afferma la cessazione delle sofferenze. Prendendo consapevolezza delle due precedenti verità siamo in grado di comprendere che se le ragioni della sofferenza vengono dalla mente, da essa stessa possono tornare per potersi dissolvere. Per cui attraverso un allenamento costante e quotidiano siamo tutti in grado far cessare i disagi di qualunque natura onde raggiungere quello che viene definito stato di *Nirvana,* cioè *"estinzione"* della sofferenza. Pertanto se la sofferenza esiste e fa parte della nostra esperienza di vita umana su questo piccolissimo puntino azzurro sperso nel cosmo e chiamato pianeta terra, essa può cessare e le nostre afflizioni hanno la reale possibilità di trasformarsi in mezzi che ci possono anche condurre alla felicità. È bene sottolineare che questo non è e non deve essere soltanto uno slogan ma, realmente, il nostro ultimo fine durante il nostro passaggio effimero di vita sul globo terrestre.

La quarta Nobile Verità è costituita dai Veri Sentieri, cioè i mezzi attraverso i quali è possibile raggiungere la cessazione della sofferenza. Essi contemplano la pratica della virtù attraverso una condotta di vita virtuosa attenta a evitare di danneggiare gli altri esseri viventi, utilizzando strumenti naturali non violenti utili a cogliere l'assoluta importanza del presente, qui e ora. Su questa traccia si inseriscono benissimo discipline come la meditazione e pratiche del benessere atte a favorire la salute e l'armonia psicofisica dell'individuo. Tra queste sicuramente quelle che ho esercitato per anni e che tutt'ora fanno parte integrante della mia vita come lo Shiatsu e la Biodinamica Craniosacrale, definite, assieme ad altre pratiche, Arti per la Salute.

Nel 2005 la Regione Toscana ha riconosciuto ufficialmente l'esistenza delle Discipline Bio-Naturali. Esse vengono definite come tecniche che, pur non essendo sanitarie, promuovono il benessere della persona e contribuiscono a mantenerne l'equilibrio.

In particolare la Legge regionale n. 2/2005 "*Discipline del Benessere e Bio-naturali*" le definisce pratiche e tecniche naturali, energetiche, psicosomatiche, artistiche e culturali esercitate per favorire il raggiungimento, il miglioramento e la conservazione del benessere globale della persona. La stessa legge ne regolamenta la pratica a tutela della qualità delle prestazioni effettuate e della professionalità di chi opera. Un grande successo che riconosce il lavoro di migliaia di operatori che ogni giorno lavorano per alleviare la sofferenza psicofisica di tanta gente.

Studiando e praticando da molti anni varie discipline che hanno a che fare col *"prendersi cura"*, mi sono chiesto tante volte perché una moltitudine così elevata di persone si dedica in tutto il mondo, con così tanta passione, cura e amore, ad alleviare il dolore e il disagio del prossimo. Per rispondere a questa domanda ho semplicemente analizzato il mio percorso personale e la mia vita ricchi di avvenimenti, di difficoltà e sofferenze di varia natura.

SE NON SI PASSA ATTRAVERSO IL DOLORE NON LO SI PUÒ COMPRENDERE

Se andiamo a vedere il cammino di gran parte, se non tutti i terapisti psico-corporei di un certo livello, scopriamo che hanno dovuto superare grandi difficoltà. Se non si passa attraverso il dolore non lo si può mai comprendere fino in fondo. Soltanto così infatti si è nelle condizioni di poter aiutare realmente il prossimo. Se non tocchiamo da vicino direttamente la sofferenza come possiamo allora aiutare gli altri a soffrire meno? L'essere umano passa sistematicamente attraverso l'esperienza diretta che deve necessariamente forgiarlo a crescere, a temprarsi e a diventare sempre più forte.. Diceva Eschilo che la saggezza si conquista con la sofferenza. Occorre assolutamente che ognuno di coloro che fa la scelta di mettersi a disposizione della gente per alleviarne i disagi psicosomatici, si renda conto di questo altrimenti perderà una grossa occasione di evoluzione nel suo percorso lavorativo. E secondariamente dovrà capire altresì un altro aspetto fondamentale: quando col suo lavoro eseguito bene porterà armonia all'interno del suo paziente, quest'ultimo prima o poi tenderà, nel corso della sua esistenza a ritrovarsi in qualche modo nuovamente in situazioni disagevoli di qualunque tipo. Ciò accade per una ragione molto semplice: fa parte della vita avvicinarsi all'equilibrio e allontanarsi dallo stesso e questo dipende da diversi fattori individuali che sono indiscutibilmente diversi da persona e persona. Quello a cui possiamo mirare come individui che attraverso l'aiuto di altri anelano a trovare un proprio equilibrio, è arrivare a un buon grado di coscienza rispetto a dove siamo arrivati nella nostra vita. Pertanto l'operatore olistico o bionaturale che dir si voglia deve sistematicamente comprendere di non essere un guaritore ma semplicemente un facilitatore che aiuta un processo che, nella migliore delle ipotesi, può portare a un miglioramento della salute e eventualmente anche alla guarigione. Si deve ricordare di essere in primo luogo un tramite e non un fine, dedito ad alleviare la sofferenza altrui.

Un buon modo per interagire in qualche maniera con la sofferenza è, avendo un buon grado di coscienza, prenderla in contropiede, cioè trovare modi per andarvi incontro piuttosto che cercare sempre di evitarla. Pertanto una buona possibilità può essere cercare consapevolmente le difficoltà invece di rifuggirle con, prevedibilmente, una valida motivazione umanitaria. Esempi tangibili da questo punto di vista sono quelli di famiglie che già hanno diversi figli e ne adottano ancora un altro e magari, come mi è successo di conoscere direttamente, lo scelgono con gravi problemi di salute.

EXIT

UN DISAGIO PUÒ DIVENTARE UNA GRANDE RISORSA E OPPORTUNITÀ

Per fare una tale coraggiosa scelta ci vuole davvero una grande umiltà e un cuore enorme ma si pensi a quanta energia positiva ritorna indietro. Un atto d'amore incondizionato che mette i genitori in una condizione di notevole difficoltà ma nello stesso tempo dona ad essi una straordinaria e unica opportunità di crescita. Questo sia chiaro non è mai da considerarsi un segno di masochismo anzi è espressione massima di elevata umanità. È un altro chiaro esempio di come un disagio, in questo caso deliberatamente scelto, possa diventare una grande risorsa e opportunità. Tutto dipende sempre da come, da dove osserviamo le cose e quale valore diamo a esse. Una grossa responsabilità su questo importantissimo tema ce l'hanno tutti i genitori che sono chiamati a dare un educazione ai loro figli. Al giorno d'oggi è certamente sempre più difficile gestire in modo appropriato il rapporto di padre e madre con i propri figli visti i devastanti condizionamenti di una società che persegue esclusivamente la materia, l'apparire e il potere.

Nel loro piccolo, tutti i genitori hanno nelle loro mani degli straordinari strumenti di interazione per educare i loro bambini. Il primo strumento è sicuramente dare il buon esempio, in modo naturale non forzato o, peggio ancora, finto. Attraverso la risonanza tra membri della stessa famiglia un buon intento sano e costruttivo a livello educativo rappresenta una notevole risorsa onde nutrire i figli. Purtroppo la tendenza generale sempre più diffusa nel mondo occidentale è quella di iper proteggere la propria prole, preservandola al massimo dal disagio e dalla sofferenza e questo è un errore madornale in cui molte famiglie incappano. Abituare fin da subito il bambino nelle piccole cose di ogni giorno a doversi in qualche modo arrangiare è sicuramente buona cosa. Questo significa semplicemente lasciarlo giocare da solo con cose semplici naturali che egli potrà, se vorrà, anche rompere e modificare a suo pieno piacimento provando così ad esprimere liberamente i suoi sensi anche passando attraverso piccole ma sostanziali difficoltà. E, nel caso egli chieda aiuto alla mamma o al papà sarà cura dei genitori dargli sostegno pur stimolandolo, senza mai forzare, a trovare da sé via e metodo. Piccoli, importanti, e fondamentali passi.. quelli che Tiziano Terzani chiamava *una lenta rivoluzione a lungo termine.*

IMPARARE A LIBERARCI DALLA SOFFERENZA

Se finalmente la coscienza generale del mondo, impersonificata dai suoi governanti, investisse maggiormente su un'educazione consona ai reali bisogni dei bambini, allora potremmo davvero sperare di lasciare ai nostri figli un mondo migliore. Un mondo che non rifugge la sofferenza perché sa che esiste e che tocca da sempre ciascuno dei suoi abitanti, ma che al contrario si apre a indagare le oggettive cause del disagio e scruta, attraverso l'uso di tanti strumenti funzionali allo scopo, la concreta possibilità di trascendere e liberarsi definitivamente dalle afflizioni di varia natura. Questo dovrebbe essere lo scopo della nostra vita sulla terra: imparare a liberarci dalla sofferenza. È il nodo cruciale del vivere, che inevitabilmente implica il morire, ma anche il morire è un aspetto in gran parte ignorato dalla massa cui viene propinata una marea di informazioni fatue e inutili al fine di condizionarne il percorso fugace sulla terra. La morte spaventa ed è bene tacerla affinché la maggioranza della gente possa continuare a bere pedissequamente alla fonte becera dei media che promuovono sostanzialmente il nulla fine a se stesso. Alla fine, se ci pensiamo bene, tutto quello che facciamo nella nostra vita è sistematicamente subordinato al fatto che prima o poi dovremo morire e mettere fine all'uso del corpo. E così l'amore per il potere materiale, lo sfruttamento del pianeta e di altri esseri come noi, il degrado sociale, culturale, ecologico della massa sono diventati normali capisaldi di chi ci governa e la politica, nel vero senso del temine, non esiste più ormai.

In questo marasma caotico avere una bussola tra le mani che ci aiuti a districarci nella giungla del vivere è fondamentale. In questa società dove il modello di vita è cambiato tremendamente negli ultimi decenni, se vogliamo farcela a lenire il dolore e trasformare la sofferenza in virtù, dobbiamo assolutamente usare degli strumenti efficaci che ci aiutino a vedere la luce anche nel buio più profondo. Tutto questo senza alcun condizionamento alcuno. Le discipline utilizzate in questo libro sono, a mio parere, assai utili al fine di migliorare la nostra reale qualità della vita, tutti i giorni. Esse sono uno straordinario compendio al fine di aiutare chi è in difficoltà a trasformare, per quanto possibile, il disagio in risorsa.

3. IL MITO E L'ARCHETIPO COME POSSIBILITÀ DI AIUTO

"In ogni caos c'è un ordine, in ogni disordine un ordine segreto"

- Carl Gustav Jung

Fin dall'antichità le narrazioni volte a evocare personaggi in lotta per questioni vitali sia a livello sociale e culturale che politico e spirituale sono state usate da tutte le più grandi civiltà della terra. Dagli Egizi ai Romani passando per i Greci che, senza dubbio, sono quelli che sentiamo più vicini a noi, quando si parla di **mitologia**, c'è da osservare che il fenomeno è assai più vasto e complesso. Inoltre, noi pensiamo che il mito appartenga esclusivamente al passato, alla storia che abbiamo studiato a scuola o che abbiamo visto in famosi film epici. In realtà esso è assai più attuale di quanto si possa pensare. In un'epoca di immagini e di comunicazione visuale sempre più virtuale fatta di logo e slogan che bombardano il cervello delle masse ogni giorno attraverso i media, la neo figura mitologica la fa da padrone e condiziona sistematicamente il modo di pensare dei più. Non v'è dubbio che ciò si attui esclusivamente per il potere, per la materia, per quel tarlo di cui l'essere umano è dotato che gli fa credere, in maniera totalmente errata, che più si accumula e meglio si sta e, forse, più si vive.

LE IMMAGINI CHE VEDIAMO E IL NOSTRO VIVERE

La paura come sempre gioca un ruolo notevole nel condizionare le scelte quotidiane di ognuno di noi ogni giorno. È davvero sempre più difficile per la società civilizzata moderna, ricca e a maggior ragione povera, pensare liberamente, starsene in silenzio totale per qualche minuto, ascoltarsi nel cuore onde percepire se sia giusto o errato fare determinate scelte o meno. La tv in particolare non lascia spazio ad alcuna replica o contradditorio. L'unica vera possibilità di interagire con il nostro apparecchio tv è riservarsi di spegnerlo o, nella migliore delle ipotesi, non averlo in casa. Tutta la nostra realtà vivente passa attraverso l'interazione tra i sensi e quanto sperimentiamo ogni singolo giorno della vita. Le immagini che vediamo ogni giorno condizionano, nel bene e nel male, il nostro vivere ed è sempre più difficile per chiunque saper discernere ciò che ci può fare bene o meno. I miti utilizzati dalla società dei consumi mirano semplicemente e solamente a farci intrappolare da meccanismi commerciali che inondano ogni genere di comunicazione di massa. È sempre più difficoltoso ragionare con la propria testa, sentirsi veramente liberi di scegliere realmente ciò che ci fa bene, evitare ciò che ci può danneggiare. L'effetto delle immagini mitologiche odierne ha un effetto devastante sulle nostre vite, anche se la maggioranza delle volte non ne siamo consapevoli.

Se è vero che i miti odierni creati dalla società dei consumi danneggiano la nostra vita, dobbiamo comprendere che abbiamo pur sempre la libertà di scegliere, magari altre figure mitologiche che, al contrario, ci possono essere molto utili al fine di aiutarci nei momenti di grande difficoltà. Quando subiamo, per svariate ragioni, una ferita emozionale possiamo attingere a delle figure, a persone famose o meno, di qualunque tipo, di qualsiasi epoca, che con il loro esempio hanno creato un potente imprinting storico che risuona fortemente a livello globale sull'inconscio collettivo della nostra società. Rievocare queste figure, a ragion veduta, conoscendone bene il percorso e le difficoltà che hanno dovuto affrontare per poter emergere e poter fronteggiare in modo concreto il loro disagio, può aiutare davvero molto chi si trova nel bel mezzo di una sofferenza psicofisica di qualunque genere. Quando noi ci mettiamo in risonanza con certe figure positive, ne leggiamo la biografia, ne conosciamo bene la storia, ne evochiamo l'esempio che hanno dato al mondo attingiamo a delle risorse importanti. È bene quindi creare nuovi miti positivi, figure che ci aiutino a stare meglio, a migliorare la nostra condizione. L'importante è fare questo con giusto intento, motivazione, usare il cuore nel modo corretto.

Naturalmente si possono utilizzare figure e persone non necessariamente note come mito ma bisogna tener conto di una cosa molto importante che concerne il cosiddetto inconscio collettivo, come lo chiama **Carl Gustav Jung:** quella dimensione sottile trasversale che accomuna tutti noi viventi e che risuona all'unisono quando si tratta di personaggi storici epici o comunque conosciuti in tutto il mondo. Questo fa la differenza e il mito diventa sempre più potente e ha maggiori effetti. È questo il caso delle figure religiose di qualunque appartenenza, come nel caso dei Santi del Cristianesimo o dei Bodhisattva Buddhisti. Il discepolo intona preghiere o mantra evocativi di fronte a queste figure e ne trae beneficio attraverso la costante pratica. E più queste figure sono antiche e maggiormente il potenziale dei meriti acquisiti sarà elevato. Quindi figura, simbolo, tempo sono fattori determinanti nel creare l'incredibile potere della figura mitologica.

Un altro aspetto molto importante che si collega inevitabilmente alla figura mitologica è quella dell'**archetipo** che letteralmente significa "marchio o immagine originale". Sempre Jung ha teorizzato la connessione tra inconscio collettivo e imprinting originale che ognuno si porta dietro dal suo passato famigliare, educativo, culturale, sociale e religioso. Anche in questo caso abbiamo a che fare con la risonanza tra elementi che vengono in contatto tra essi. Più il riferimento è antico e vissuto, visitato, osservato e venerato da tanta gente, maggiore sarà l'effetto sulla persona che si interfaccia con la figura o con l'archetipo che, va ricordato, è sempre collettivo.

Considerando che mito e archetipo vanno a braccetto e possono essere utilizzati per la nostra salute o per quella di altri, tra gli esempi più eclatanti troviamo le figure bibliche. In particolare, per quanto riguarda la figura paterna e materna che hanno a che vedere con tutti noi, l'esempio maggiormente conosciuto, quindi molto potente, è quello di Maria, la Madonna, e di San Giuseppe. Queste due figure rappresentano in assoluto, soprattutto per noi occidentali, gli importanti ed essenziali archetipi della Madre e del Padre universali. Possiamo anche essere atei, non credenti, scettici cronici di fronte alla religione ma la potenza di queste due figure arriva a tutti indistintamente perché sono adorate da millenni da miliardi di persone e portano con sé un energia straordinaria.

ESSERE CURIOSI RISPETTO AI GRANDI DELLA STORIA

Nel caso delle ferite emozionali possiamo scegliere, per aiutarci a elaborarle, figure storiche, artistiche, religiose, spirituali che abbiano subito, loro malgrado, disagi traumatici importanti e che, attraversando la sofferenza, siano riusciti a trasformare le loro difficoltà in notevoli risorse. Consiglio pertanto a chiunque si riconosca in una o più ferite emozionali e desideri utilizzare questa possibilità d'interazione come aiuto alla trasformazione del disagio, di essere curioso rispetto ai grandi della storia e a leggerne e studiarne la loro biografia. Come già sottolineato più volte, ogni crepa può lasciare spazio a una nuova luce, ogni frattura può essere rimarginata con risorse preziose che altrimenti non avremmo mai avuto la possibilità di conoscere e utilizzare. E quando avremo sanato le ferite, ricordiamoci che le cicatrici rimarranno per sempre ma ci avranno forgiato a nuova vita. Non saremo mai più quelli di prima.

Avere a disposizione figure di riferimento importanti che attraverso le loro ferite hanno trasformato la loro vita e trovato la loro vera strada può aiutare molto. Entrare in risonanza con questi personaggi, siano essi realmente esistiti oppure figure mitologiche di forte impatto sull'inconscio collettivo come quelle bibliche, diventa per chiunque abbia subito delle ferite emozionali di qualunque tipo, una grossa possibilità di aiuto. È molto importante conoscere bene la storia e i significati delle figure che scegliamo al fine di poterci aiutare nel trasformare un disagio in una risorsa. Se, come già detto, il personaggio è famoso ed è di dominio pubblico da secoli, ha ovviamente un grande impatto ma ricordiamoci che possiamo benissimo trarre ispirazione da persone di riferimento che conosciamo soltanto noi e magari pochi altri. Queste persone però hanno, presumibilmente, un forte ascendente sulla nostra vita attraverso il loro esempio e la loro condotta. Magari portano con sé grandi esperienze da condividere, nelle quali da situazioni di grande sofferenza sono uscite in maniera significativa e hanno trasformato le loro crepe in nuova luce splendente. Perciò se ci troviamo in situazioni in cui tutto sembra perduto troviamo il modo, con i tempi giusti si intende, di riprendere fiducia nella vita con una visione diversa che offrirà prospettive assolutamente inaspettate.

L'uso del mito e dell'archetipo deve tornare a essere utilizzato dalla massa in maniera positiva al fine di migliorare la qualità della vita. Pertanto esorto chiunque a non farsi sempre e solo condizionare dai miti commerciali e d'interesse economico che ci vengono propinati dai media ma di sentirsi sempre libero di trovare nuove o vecchie figure di riferimento a cui rifarsi onde aiutare la piena metamorfosi della propria vita.

Assieme a ciò possiamo utilizzare altre risorse naturali che abbiano forte impatto di sostegno al nostro percorso rimarginante su fratture di vario genere.

Le risorse a cui possiamo attingere sono innumerevoli e ognuno deve sentire cosa sia maggiormente adatto per sé. Inoltre è sempre fondamentale la scelta della persona di fiducia cui fare riferimento. Mi permetto di consigliare le arti che conosco meglio, che uso da anni e che mi hanno notevolmente aiutato nei momenti più difficili della mia vita: Agopuntura, Omeopatia, Erboristeria, Shiatsu, Qigong, Riflessologia plantare, Massaggio Ayurvedico e Kunié Tibetano, Terapie Essene, e ovviamente la Biodinamica Craniosacrale che continuo a studiare e a praticare.

In questo libro condivido due arti per la salute in cui ripongo la massima fiducia e che sono alla portata di tutti. La prima, l'arte dell'uso dei cristalli, ha radici antichissime e ci riporta agli albori della nascita della nostra specie. La seconda, quella dell'utilizzo delle essenze floreali del Dott. Bach, pur avendo una storia più recente ci riporta all'incredibile potere guaritrice della Natura.

KINTSUGI: MAI BUTTARE UN OGGETTO CHE SI ROMPE

L'insieme di queste risorse diventa l'oro che nel **Kintsugi** sana le crepe di una ceramica rotta e la trasforma in una potenziale opera d'arte bellissima e originale. Quest'incredibile arte evoca paragoni suggestivi. Non si deve mai buttare un oggetto che si rompe, poiché a seconda della struttura possiamo crearne altre magari più interessanti. La sua rottura non ne decreta la fine perché le sue fratture possono diventare trame preziose di trasformazione. Si può cercare di recuperare ciò che normalmente viene buttato e toccare con mano l'intento di guadagnare sempre qualcosa di prezioso.

Nella nostra vita dobbiamo trovare il modo di far fronte in maniera positiva a eventi traumatici, di crescere attraverso le esperienze dolorose, di valorizzarle, di non aver paura di esibirle e convincersi che sono proprio esse a rendere la nostra vita unica e preziosa. In questo modo le nostre afflizioni si possono trasformare in risorse insospettate e offrire delle incredibili possibilità di realizzazione, in altri modi e con altre sfumature certamente ma con una qualità diversa e molto spesso anche più elevata di prima.

4. LA BIODINAMICA CRANIOSACRALE

"L'intelligenza del corpo
è sempre superiore alla nostra"

- Rollin Becker

Il *Bilanciamento o Lavoro Craniosacrale Biodinamico* rappresenta una delle arti più raffinate ed evolute di lavoro sul corpo, dove l'operatore mediante la presenza, radicamento, richiamo di risorse naturali ancestrali insite in ognuno di noi, delicati ascolti e contatto è in grado di aiutare in modo notevole disagi psico-fisici anche molto profondi. È un lavoro di straordinaria efficacia perché richiede adeguato studio, lavoro su se stessi e continua applicazione. Derivato dall'Osteopatia Craniale, grazie alle straordinarie scoperte del Dott. William Garner Sutherland (considerato a tutti gli effetti padre della disciplina), questa pratica si è diffusa dagli anni settanta gradualmente in tutto il mondo ed è in continua evoluzione. Conosciuto dapprima come *Craniosacrale,* poi definito con l'aggettivo *Biomeccanico* per le sue caratteristiche tecniche d'interazione tra operatore e ricevente, negli ultimi 15 anni questo straordinario lavoro corporeo ha trovato infine la sua esplicitazione ed evoluzione come *Biodinamico* grazie allo studio e alle intuizioni di alcuni geniali osteopati. Essi si sono ispirati alle scoperte di uno tra gli allievi di Sutherland, il Dott. Rollin Becker, che per primo enunciò il termine "Biodinamico" in ambito osteopatico. La disciplina Biodinamica Craniosacrale si basa su principi innati relazionati con le fondamenta ancestrali, embrionali e, in generale, energetiche del nostro essere, che iniziano a formarsi dal momento del concepimento e sono governate dal Respiro della Vita, che possiamo chiamare **Intelligenza Divina**, **Natura** o, se abbiamo fede, **Dio** o meglio ancora gli **Dei**, e che termina nel momento della nostra morte fisica. Esso si concentra maggiormente sui delicati ritmi, chiamati **Maree**, più profondi del nostro essere come **l'Impulso Ritmico Craniale,** la **Marea Media** e la **Marea Lunga**. Questi tre flussi con ritmo e intensità diverse ma intimamente interconnessi, regolano tutta la nostra vita, come quella di tutti gli invertebrati, governando i sistemi vitali dell'organismo vivente.

IL CONCETTO DI MOTILITÀ

Il modello Biodinamico rappresenta il reale formarsi della nostra vita durante lo sviluppo dell'embrione nel corso di continue evoluzioni che seguono un loro iter intrinseco basato sul concetto della **Motilità** dinamica del sistema cellulare. Motilità significa che ciò che appare in superficie e ha movimento è determinato da sottili attività che vengono esercitate dal profondo, sempre attraverso il **Respiro della Vita**. Gli antichi Cinesi lo chiamavano "**Soffio Vitale**" definito come Qi (pronuncia "ci"). Un esempio può essere quello delle cellule del nostro corpo, le quali, hanno tutte quante un micro movimento di espansione e contrazione, come tutti i tessuti del nostro corpo del resto. Questa espansione e contrazione, definita da Sutherland **Respiro Primario,** condiziona tutti i movimenti esterni delle altre strutture molecolari. Anche le singole cellule del nostro essere sono derivate da stadi precedenti sottoposti anch'essi alla motilità. Ciò avviene attraverso il prezioso lavoro dei **Fluidi Corporei**. Infatti sappiamo bene di essere fatti per gran parte di acqua, che veniamo dall'acqua, la nostra Madre Universale. Tale dimensione è con noi fin dal momento in cui avviene il concepimento e si protrae durante lo sviluppo dell'embrione, per tutta la gravidanza e, in generale, per tutta la nostra vita. Tutto il movimento dei nostri fluidi corporei è espresso in potenza attraverso l'azione del **Liquor** che, oltre ad avere importanti funzioni di protezione, purificazione e nutrimento di cervello e midollo spinale, rappresenta un vero e proprio vettore di energia che attiva tutto l'organismo vivente. Ricordiamoci che siamo attraversati da preziosi fluidi, come il sangue, la linfa, il sudore, le lacrime, il liquido spermatico e vaginale, ecc. e che la fisica quantistica ha rilevato come tutti gli esseri viventi siano sottoposti alle loro memorie che si accumulano e trasmettono.

D'altra parte come ben sappiamo la luna, il nostro prezioso satellite senza il quale non vi sarebbe vita sulla terra, condiziona sistematicamente le maree, il ciclo mestruale della donna, tutto il regno vegetale e animale, le nascite, le morti, le nostre reazioni umorali e tanto altro. Questo significa semplicemente che tutte le reazioni biologiche sul piano fisico si basano sull'impatto che un elemento vitale dotato di campo elettromagnetico, come nel caso della luna, del sole e di tutti i pianeti del cosmo, e qualunque elemento vitale messo in risonanza con altri, ha attraverso la memoria dei fluidi. La risonanza avviene, sempre secondo i canoni della fisica quantistica, attraverso i cosiddetti *campi di coerenza* che si formano quando le cellule dell'acqua si allineano. Questo fenomeno è definito "messa in fase".

Esistono grandi similitudini tra i principi della fisica quantistica e la Biodinamica Craniosacrale, entrambe parlano di memorie dell'acqua, di risonanza tra elementi e cellule, di messa in fase, di allineamento su importanti assi embrionali. Inoltre è stato appurato che, nel caso di uno stimolo tra un elemento fisico e l'altro, più esso sarà sottile, delicato e leggero, maggiore e profondo il cambiamento che ne sarà determinato, principio identico a ciò che sta alla base della Biodinamica Craniosacrale.

I DUE MOMENTI NEL NOSTRO VIAGGIO VERSO LA STRUTTURAZIONE DELLA VITA

Tornando ai fluidi, anche il nostro concepimento avviene in una dimensione e in un ambiente acquoso, buio e umido. È il momento più importante della nostra vita, un passaggio fondamentale che dà inizio al difficilissimo percorso d'incarnazione. La moderna embriologia ha appurato che esistono due momenti molto delicati nel nostro viaggio verso la strutturazione della vita: uno avviene dopo una settimana circa dalla fecondazione, quando l'embrione allo stato primitivo, formato da un insieme di piccole cellule, chiamato "morula" (la forma della mora ne evoca il nome) esce dalla tuba di Falloppio e cade nella cavità uterina; il balzo è paragonato a un nostro salto da un'altezza di 5 metri, che non è poco, e molti embrioni in questo stadio muoiono. È stato calcolato che soltanto il venti per cento delle morule riesce a sopravvivere in questa fase.

Il secondo momento estremamente delicato per il futuro della nostra vita è quando da morula l'embrione diventa blastociti e si attiva per trovare il luogo adatto per impiantarsi. Anche in questa situazione soltanto il venti per cento degli embrioni allo stato primitivo riesce a superare la difficoltà e continua a vivere. Nella gran parte dei casi la donna non sa neppure di essere stata incinta, di aver espulso l'ammasso primordiale di cellule derivate dal concepimento con le prime mestruazioni. Tutto questo delicato processo di selezione naturale ci fa capire, ancora una volta, quanto la nostra vita sia preziosa e nello stesso tempo quanto sia difficile venire al mondo. Pertanto, a conoscenza di ciò, dovremmo a maggior ragione e ancora di più, considerarci fratelli e sorelle a prescindere dal colore della pelle, dalle nostre origini, diversità culturali, sociali e religiose.

Fin dal primo momento dell'avvenuto concepimento riceviamo, come esseri viventi in formazione, un forte imprinting da parte dei nostri genitori e, in generale, dai nostri antenati, che determina la nostra cosiddetta **Matrice Originaria**. In questo stadio primordiale stiamo vivendo la condizione di **Citoplasma,** il materiale costituente della cellula e abbiamo già dentro di noi tutta la matrice ancestrale che in varie forme condizionerà la nostra vita intera. La nostra dimensione fluida, che possiamo definire **Corpo Fluido,** ha anch'essa derivazione da forze dinamiche che hanno favorito il processo di formazione. Tali forze le troviamo nella vibrazione polarizzata dei nostri genitori, che a loro volta sono la risultante dei loro antenati, che è fortemente connessa con una più ampia vibrazione cosmica che ci connette all'**Infinito** dal quale tutti noi proveniamo. Quando parliamo di vibrazione cosmica possiamo, a nostra discrezione, chiamarla "anima", o "coscienza". Essa rappresenta la prima vera forma di polarizzazione nel nostro lungo viaggio d'incarnazione verso la terra per diventare umani ed è permeata da una fondamentale condizione che sta alla base, non solo della Biodinamica Craniosacrale ma di tutta la nostra vita: **La Quiete Dinamica**. Uno stadio di energia molto profondo e ancestrale che rappresenta il fondamento di tutti i fenomeni dinamici che sperimentiamo, dal momento del nostro concepimento fino al termine della nostra vita terrena. Essa si manifesta concretamente subito dopo l'avvenuta fecondazione, infatti per un periodo che va da poche a ventiquattro ore o più non avviene apparentemente nulla, tutti i processi metabolici si fermano.

È il cosiddetto **Punto Zero**, il momento di quiete da cui qualunque fenomeno si attiva e a cui torniamo inconsciamente sempre durante ogni singolo attimo della nostra esistenza.

UN ACCUMULO DI ENERGIA CREATIVA POTENZIALE

Si può definire questo stadio come vuoto fertile, cioè un accumulo di energia creativa potenziale dal quale può nascere qualsiasi fenomeno. Il punto di partenza di qualunque fenomeno a ogni livello, tra scienza, arte e spirito, compresa l'origine del tutto. Secondo la maggior parte degli astronomi, l'origine dell'Universo ha avuto luogo in un preciso istante del passato, tra 12 e 20 miliardi di anni fa (l'approssimazione fa riflettere già di per sé). È il cosiddetto Big Bang, un'esplosione che ha generato una forte espansione e dato origine al tempo. Il primo a formulare la teoria dell'espansione dell'universo fu il fisico statunitense

Edwin Hubble nel 1920 che dall'analisi spettroscopica delle radiazioni elettromagnetiche emesse dalle galassie capì che queste non sono ferme, ma si muovono allontanandosi le une dalle altre con velocità proporzionale alla reciproca distanza. In pratica il meccanismo e l'azione delle galassie si basa su una costante espansione. Lo stesso Albert Einstein ha fondato la sua famosa e rivoluzionaria teoria generale della relatività sul principio dell'espansione, attraverso la formula che sancisce la perfetta unità e non separazione tra energia e materia, cambiando così i parametri della percezione spazio temporale di tutti i fenomeni.

Ma se i componenti dell'universo sono in continua espansione, cioè si allontanano sistematicamente l'uno rispetto all'altro, questo vuol dire che in passato devono essere stati certamente più vicini di quanto non lo siano ora; al limite, in un lontanissimo passato, deve esserci stato un istante in cui tutto ciò che esiste era concentrato in un unico punto fermo e apparentemente immobile. Da quel punto fermo, attraverso un'espansione esplosiva, nota appunto come Big Bang, avrebbe avuto origine l'universo. Già da queste prime nozioni possiamo trarre alcune interessanti e semplici riflessioni. Prima cosa, tutto nasce da un punto fermo, una sorta di fulcro primordiale principale che porta con sé il potenziale dinamico dell'azione che avverrà in seguito. Ciò significa che qualunque azione e movimento che si generi nasce sempre da una situazione di riposo e immobilità assoluta apparente; il punto fermo non è altro che un accumulo di profonda quiete dal quale, prima o poi, scatterà improvvisamente un impulso di espansione attiva. Il motivo per cui ciò avviene, ed è di fatto avvenuto, è tutt'ora fonte di grande dibattito tra tutti coloro che si interessano alla ricerca scientifica e alla spiritualità in generale. Perché il Big Bang e perché proprio in quel momento e non in un altro? E prima cosa c'era?

LA RADIAZIONE COSMICA DI FONDO

Una conferma all'idea che l'universo abbia conosciuto un inizio fu la scoperta, negli anni Sessanta, della radiazione cosmica di fondo, vale a dire di onde elettromagnetiche di bassa energia che permeano ogni regione del cosmo e in cui gli scienziati vedono l'eco del Big Bang.

Il Big Bang non deve essere pensato come l'esplosione di una massa di materia all'interno di uno spazio vuoto. Al momento del Big Bang, infatti, spazio e tempo coincidevano, così come materia ed energia; "al di fuori" della sfera infuocata primigenia non esisteva nulla, e non esisteva il tempo "prima" del Big Bang. È lo spazio stesso che si espande via via che l'universo invecchia, portando i corpi in esso contenuti sempre più lontano gli uni dagli altri.

Il concetto del "punto zero" detto anche "punto di silenzio" è alla base stessa della vita e si può ritrovare in qualunque forma, aspetto ed espressione vitale qui sulla terra. Per muoverci nel mondo abbiamo comunque sempre bisogno di fermarci per riposare, recuperare energie stando fermi. Noi che siamo sempre costantemente indotti ad essere attivi, dinamici e produttivi ci concentriamo e siamo attratti generalmente da tutto ciò che si muove, tutto ciò che è tangibile, fattivo e consistente. Soltanto ciò che si può toccare con l'evidenza materiale e che si vede è ragionevolmente attendibile. Tutto ciò, al contrario, che non vediamo, anche se lo percepiamo chiaramente, o a cui non badiamo troppo, anche se fondamentale per la nostra vita come la qualità e la forma del riposo, viene nella maggioranza dei casi tacciato di non vero. Insomma, la nostra società ci concentra sempre più sul "pieno" e sempre meno sul "vuoto". In realtà, come esprime molto bene il simbolo taoista dello Yin e Yang, non ci può mai essere pieno senza vuoto in qualunque fenomeno. Tutto dipende sempre da che punto di vista guardiamo le cose. Un ottimo esempio di come si possa toccare tangibilmente l'importanza e l'esistenza stessa del "punto fermo", come potenziale dinamico a venire, l'abbiamo molto vicino a noi a Firenze ed è rappresentato dal capolavoro giovanile di Michelangelo nella statua del David. Se osserviamo attentamente la postura, l'atteggiamento generale e lo sguardo del meraviglioso gigante di marmo toscano noteremo come egli emani un preciso senso di "attesa", un momento di potenziale immobilità, di raccolta di un'enorme quantità di energia al fine poi di sprigionare l'azione. Nell'intento del giovane genio fiorentino, nella figura del David, oltre che rappresentare la bellezza gigantesca a vari livelli, c'è la volontà di cogliere quell'attimo importante fatto di concentrazione, di accumulo di forze senza le quali mai sarebbe riuscito a colpire mortalmente Golia. L'energia che emana prepotentemente la figura del David è quella del momento in cui egli non è nel suo passato, né nel suo futuro, ma vive nel presente assumendo l'atto fermo di prepararsi all'azione. Si può quindi affermare che il David contiene in sé, lo stato di accumulo di

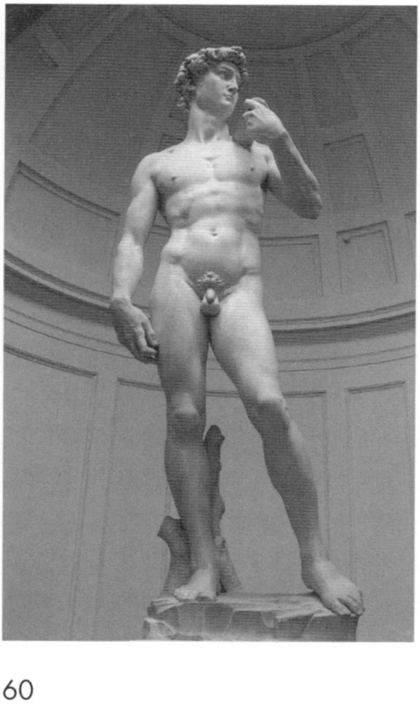

Il David di Michelangelo Buonarroti, presso la Galleria dell'Accademia di Firenze

energia, attraverso la postura, l'atteggiamento generale, lo sguardo fermo e in generale il grande potenziale dinamico, ciò che farà subito dopo. Tutto ciò, ovviamente, insieme alla straordinaria meraviglia che la statua emana in tutte le sue sfumature.

Il tema del potenziale dinamico insito nella materia è stato comunque punto focale e prerogativa principale in tutta l'opera scultorea di Michelangelo e di tutto il Rinascimento italiano. Altri esempi molto chiari li troviamo nelle altre opere del Maestro esposte accanto al David a Firenze, o nei "Prigioni" che si trovano al Louvre di Parigi, in cui si vede come le figure cerchino di trovare la loro forma e la loro libertà dalla massa grezza del marmo. Tale massa grezza rappresenta il punto fermo, il potenziale dal quale nasce la figura, proprio come se essa stessa fosse già pronta ad essere manifesta ancora prima di essere scolpita. Queste osservazioni hanno spinto alcuni importanti studiosi d'arte rinascimentale ad affermare che, nelle opere di Michelangelo, appare chiaro il messaggio esoterico.

Un altro esempio, molto più recente, di come lo spazio vuoto, il punto di silenzio, ciò che in genere non notiamo, siano fondamentali ci viene dal grande artista jazz Miles Davis che in un'intervista, a pochi anni dalla sua morte, alla domanda "Quali sono le note più belle da suonare?" rispose candidamente "Quelle di mezzo, dove non c'è apparentemente nulla!". In effetti, senza il nulla, il cosiddetto "vuoto", non esisterebbero movimento e vita.

Quando, nel nostro mondo occidentale, parliamo di "vuoto", abbiamo subito la sensazione di qualcosa di negativo che ci fa sentire tristemente soli e malinconici. Questo concetto regna sovrano nelle nostri menti intrise di pensieri volatili, che imbevono il cervello e lo saturano in gran parte di cose di cui potremmo benissimo fare a meno. Le espressioni come "Sento un grande vuoto dentro", "Vivo un forte vuoto affettivo" oppure "Ho fatto il vuoto intorno a me", sono all'ordine del giorno nella moderna civiltà attuale dove, se da un lato abbiamo sempre di più in termini di beni materiali, di comodità e di relazioni e scambi (incontriamo molte persone ogni giorno), dall'altra sentiamo in misura maggiore il problema della solitudine. Eppure se ci fermiamo un attimo a pensare, questo vuoto che la società occidentale moderna di massa cerca in tutti i modi di evitare, "insegnando" a riempirlo di qualcosa o di annientarlo, rappresenta un riflesso dell'origine di tutte le cose. L'Universo, la cui parola etimologicamente significa "verso l'Uno", nasce dal vuoto, da quella situazione in cui tempo e spazio non erano ancora differenziati. Da quello stato di profonda e infinita quiete, potenziale immenso e incommensurabile, è nata improvvisamente la scintilla che ha dato origine al tempo e allo spazio. Guardando la cosa nella sua totalità e non concentrandoci subito sul movimento ed espansione dell'Universo bensì su quanto e come era prima, ci accorgeremo che se non fosse esistito il grande vuoto primordiale, potenziale infinito di forza, non si sarebbe potuto creare il Big Bang.

In Oriente il concetto di vuoto assume una dimensione, se non perfettamente coincidente, molto vicina alla vera natura di quanto esisteva prima dell'origine dell'Universo. In particolare la filosofia Buddhista trasmette in modo molto esaustivo il principio secondo il quale "vuoto" o "vacuo" è ciò che dobbiamo, non cercare di respingere o rifuggire, ma, di fatto, perseguire.

Il "vuoto" in questo caso è l'espressione relativa del punto zero, del potenziale dinamico che ci permette di poter realizzare qualunque cosa. Se cerchiamo senza forzare di trovare la calma mentale, di ripulire e rischiarare la nostra energia interiore allora, attraverso la pratica meditativa, tutto ci sembrerà più chiaro e potremo senza paura alcuna scegliere nel modo giusto perché, in quel momento, rivivremo anche solo per pochissimi istanti, la vibrazione universale che ha permesso la nascita dell'Universo, del sistema solare, delle galassie e della vita su questo bellissimo puntino vagante nell'Infinito chiamato pianeta Terra.

Nel caso dello stadio embrionale primordiale, il momento di silenzio e stasi apparente è assolutamente necessario per accumulare una grande quantità di energia che servirà per le successive fasi dello sviluppo. Questo messaggio rimane impresso nella nostra memoria cellulare e sarà con noi per tutta la vita.

Possiamo dire che ogni essere umano proviene dalla Quiete Dinamica e quando la ritrova torna nella direzione originaria della salute. A tale riguardo riflettiamo sul perché cerchiamo, chi più chi meno, un contatto con la natura, il suono del silenzio, la vista del mare, delle stelle, di un bosco, di un neonato, di un capolavoro artistico ma anche di un corso di Yoga, Meditazione, Shiatsu o Craniosacrale. Non ne siamo consapevoli ma stiamo cercando il nostro ambiente originario dal quale si attivarono forze e campi magnetici per incarnarci in un corpo umano. Tutto questo ci fa pensare che dalla quiete nasce l'azione, da un punto fermo nasce il movimento dinamico. È quello che nella Biodinamica Craniosacrale definiamo come **Fulcro**, un punto di appoggio dal quale partire.

LINEE MEDIANE, ASSI DI ALLINEAMENTO

Tutto il nostro corpo funziona attraverso dei fulcri, veri e propri centri operativi senza i quali non potremmo vivere. I primordiali fulcri embrionali dai quali dipende tutta l'organizzazione ancestrale sono le **linee mediane**, veri e propri assi di allineamento e strutturazione cellulare che iniziano a formarsi addirittura nel momento del concepimento (a livello profondo e sottile) e si materializzano realmente dalla seconda settimana in poi. La prima delle tre linee viene definita dai Maestri di Biodinamica **linea mediana quantica** e si attiva in seguito alla polarizzazione dell'ovulo appena fecondato. È una sorta di sottile connessione tra i due poli che schiacciano leggermente la prima cellula (detta zigote) che viene creata nello spazio. Si noti che l'ovulo femminile prima della fecondazione e quindi prima di diventare zigote era perfettamente sferico. Subito dopo il concepimento, lo zigote si schiaccia delicatamente ai poli riproducendo esattamente la forma della nostra terra. Possiamo dire: la linea mediana quantica rappresenta la delicata e profonda connessione che la prima cellula vivente creatasi nello spazio ha con l'energia cosmica. Essa non è altro che una sottilissima vibrazione che però, come anche le altre due linee mediane, una volta formata sarà sempre con noi fino alla fine della nostra vita terrena. La linea mediana quantica ha la funzione da un lato di essere realmente un forte riflesso della quiete dinamica da cui deriva e dall'altro lato di alimentare lo sviluppo cellulare della prima settimana dell'embrione creando i presupposti per la formazione di un altro fulcro, questa volta più tangibile e concreto. Esiste, infatti, una vera e propria linea mediana primitiva che si struttura al centro del disco embrionale tra la seconda e la terza settimana di sviluppo.

Essa attiva una forte migrazione cellulare che determinerà l'inizio della formazione morfologica dell'embrione stesso, in particolare (prendendo il nome di **notocorda**) sarà il fulcro dal quale si formerà la colonna vertebrale. Questo asse prende il nome di **linea mediana primaria,** detta anche **linea mediana spinale**. In un secondo momento da questo asse centrale che alimenta fortemente la fondamentale formazione dei tre foglietti di creazione embrionale, l'endoderma, il più interno, l'ectoderma, il più esterno e il mesoderma, quello mediale, si creerà una terza linea mediana. Ciò avviene nel momento in cui il disco embrionale si chiude sul suo asse di organizzazione cellulare, la notocorda, determinando la creazione di quello che viene definito **tubo neurale**, che diventerà in seguito il canale midollare. Quest'altro fulcro viene chiamato **linea mediana secondaria** oppure **linea mediana fluida**. Tutte e tre le linee mediane sono fulcri primordiali su cui tutta la nostra vita nasce, cresce, si sviluppa e infine muore. Quando l'operatore di Biodinamica Craniosacrale richiama le proprie e altrui linee mediane attiva una potente risorsa di quiete profonda, di silenzio ricco di delicati processi d'organizzazione cellulare. Si utilizza la parola "richiamo" perché le linee mediane esistono e quindi vanno contattate. È come imparare una nuova lingua, un nuovo alfabeto di comunicazione sebbene, in questo caso, sia silenzioso. Consiglio vivamente a chiunque operi nel campo della salute di partecipare a un corso introduttivo di Biodinamica Craniosacrale per studiare e approfondire i fondamentali aspetti della quiete dinamica e delle linee mediane. Una volta apprese l'esistenza e la modalità di richiamo di queste fondamentali risorse di guarigione e armonia del nostro corpo, l'operatore potrà iniziare a esportare al suo esterno l'esperienza studiata e praticata durante i corsi, applicando così alla vita di tutti i giorni in qualunque campo questi fondamenti di Biodinamica.

IL CONCETTO DI "FULCRO"

L'importante concetto di fulcro visto con la linea mediana lo possiamo vedere applicato in tutto il nostro corpo. Ad esempio il nostro cuore è il fulcro del sistema cardiocircolatorio ma, in forma più estesa, potremmo dire, è il centro più importante della nostra vita; lo stomaco è il fulcro del sistema digerente, così come il pancreas del sistema endocrino, lo sfenoide del sistema osteoarticolare e così via. Il concetto di fulcro è molto importante per l'operatore craniosacrale che dovrà assolutamente imparare a restare fermo immobile, stabilire un profondo contatto con la quiete, richiamare preziose risorse come la linea mediana ed essere testimone silenzioso in modo da diventare ascoltatore e facilitatore di un processo di riequilibrio. Il resto, la natura del corpo del ricevente viene da sé, dalle sue forze dinamiche che si attivano in modo naturale al fine di riportare la salute nel suo corpo. In pratica l'operatore Craniosacrale Biodinamico diventa un vero e proprio oscillatore biologico, conosce meglio del ricevente la quiete perché si addestra attraverso la meditazione e l'ascolto del silenzio, e fa vibrare il tutto nel corpo della persona trattata. In pratica si ripete l'esperimento dell'oscillazione del pendolo, laddove in un ambiente che vede la presenza di più pendoli fermi, se ne muove uno e per vibrazione iniziano lentamente a muoversi anche gli altri.

Del resto la quiete naturale dalla quale tutti proveniamo può essere disturbata da vari disagi che possono essere di origine fisica, emozionale, psicologica o spirituale. Chiunque si espone a traumi o shock nel corso della vita, a iniziare da quello della nascita, che alterano il suo equilibrio di quiete. Ecco quindi l'importanza della presenza dell'operatore Craniosacrale al fine di ristabilire la quiete dinamica e riportare così l'organismo ad una dimensione di salute. Una cosa molto importante da comprendere è che qualunque tipo di disagio porta con sé innumerevoli possibilità di risorsa, rappresenta un concentrato di energia statica e bloccata che formerà all'interno dell'organismo un **fulcro di inerzia**. Un punto fermo anomalo a cui le forze dinamiche vitali che non fluiscono in modo naturale fanno riferimento. Nel momento in cui questo fulcro di inerzia, questo blocco si scioglie, ecco che le stesse forze dinamiche danno un grande impulso di liberazione a tutto il sistema e non solo torna la salute ma la sua qualità sarà molto superiore a quella precedente.

QUEL TENTATIVO DI SUICIDIO DEL DOTT DEJARNETTE

Il Dott. Jospeph Dejarnette

A questo proposito voglio raccontare brevemente la storia del **Dott. Jospeph Dejarnette,** famoso osteopata americano che fu allievo diretto di Sutherlnad. Dejarnette era direttore in California di una grossa filiale di automobili, negli anni venti. Improvvisamente un giorno, verso la fine del decennio, la struttura fu colpita da un incendio e poche settimane dopo tutta l'America fu devastata dal crollo delle borse che diede inizio al periodo della grande depressione. Dejarnette era disperato, aveva perso tutto e le assicurazioni, con il crollo dei titoli in borsa, non avevano più soldi per pagare.

Così, in preda alla disperazione e allo sconforto decise di suicidarsi. Si recò sulla cima della montagna che sovrasta San Francisco con una pesante pietra attaccata al collo da una grossa corda; la sua intenzione era quella di lanciarsi nel vuoto ma giunto sul posto venne travolto da una forte tempesta di vento e pioggia che lo fece cadere e, battuta la testa sul sasso che aveva al collo, perdere i sensi. Si risvegliò qualche ora dopo, era sdraiato in una casa, al caldo tepore di un camino, accanto a lui un uomo che lo guardava sorridendo. Quell'uomo si chiamava William Sutherland che lo aveva trovato esanime e portato a spalle in casa sua. Fu così che Dejarnette venne curato dal pioniere dell'osteopatia craniale e ne divenne assiduo allievo. Sutherland gli trasmise tutto i suoi preziosi insegnamenti ed egli diventò col tempo una tra i più talentuosi osteopati degli Stati Uniti. Scrisse libri, tenne varie lezioni e morì a quasi cento anni. Ecco un altro grande esempio di un disagio che si trasforma in una grande risorsa!

L'operatore Biodinamico Craniosacrale impara a diventare un punto fermo e responsabile di percezione, un testimone silenzioso che è in grado, attraverso l'allenamento, lo studio e la pratica, di ascoltare i flussi del ricevente identificando i suoi punti d'inerzia; dovrà poi saper aspettare consapevolmente che i blocchi si sciolgano e portino in superficie il superfluo. Tutto questo lavoro necessita pazienza, addestramento, meditazione, una notevole fiducia nelle forze naturali di guarigione e tanta pratica. I risultati sono garantiti perché se l'operatore conosce al meglio la quiete dentro di sé e la sa ascoltare con regolarità, allora sarà più semplice portare allo stesso stato il ricevente che, come abbiamo visto in precedenza, già è al corrente inconsciamente dell'esistenza della quiete stessa. Tale processo attiverà la potenza dei fluidi corporei e aiuterà il corpo, senza mai forzare, a lasciar andare il disagio, a rilasciare ciò che non serve a ogni livello e a ritrovare armonia nella direzione della salute. È bene notare che questa pratica, se eseguita correttamente, non comporta alcun effetto collaterale e i rilasci, se si manifesteranno, saranno sempre esattamente quelli che devono essere senza mai troppa enfasi né reazioni emozionali troppo forti.

La Biodinamica Craniosacrale è particolarmente adatta per aiutare a superare e elaborare al meglio traumi, shock e ferite emozionali. Il fulcro di funzionamento è stimolare, attraverso risorse che vengono attivate durante la sessione di lavoro dall'operatore, la parte sana del ricevente, che tutti indistintamente abbiamo al nostro interno, anche nei momenti più duri e difficili della nostra vita. Particolarmente indicata per neonati, bambini, persone con postumi da operazioni chirurgiche, stati depressivi, afflizioni di vario genere ad esempio psicofisiche, per le persone di grande età e tanto altro. Uno strumento meraviglioso cui rivolgersi con fiducia in caso di necessità. L'importante, come sempre è scegliere bene e affidarsi a operatori fidati ed esperti.

5. IL VOLO FINALE DI UNA FARFALLA

"Parlare è un bisogno, ascoltare è un'arte"

- J. W. Goethe

Lorenzo ha quarant'anni ed è autista di pullman di linea da alcuni anni; da ragazzo, giocando a pallone, si è fatto male a un ginocchio e da allora soffre, periodicamente, di fastidiosi dolori articolari. Mi chiede aiuto con la Biodinamica Craniosacrale e fin dalla prima visita mi rendo subito conto che è un caso complesso perché sono passati diversi anni dall'incidente e, secondo la mia percezione operando sul suo corpo, credo che vi siano, come sempre del resto, radici molto profonde dietro al suo problema.

Iniziamo a vederci con una certa regolarità, lui si rilassa molto ed è assolutamente aperto e fiducioso nei miei confronti. Lorenzo ha un fisico possente e asciutto, porta con sé uno sguardo dolce di chi sembra perdersi appeso in aria, trasmettendo una sorta di disincanto nobile mentre parla. Quando si sdraia sul lettino si abbandona completamente e mantiene per tutto il tempo della sessione, che dura circa 50 minuti, uno stato di piacevole quiete e ricettività. Mentre lo tratto osservo i suoi lineamenti che lo fanno sembrare assai più giovane della sua età. È interessante notare come cambia l'espressione dei riceventi mentre sono distesi sul lettino a occhi chiusi, si apre un mondo di sensazioni che arrivano e portano con esse piccoli messaggi di vita vissuta.

La Biodinamica Craniosacrale, come già sottolineato, è una pratica che risuona molto con la nostra vita prenatale e soprattutto con quella embrionale. Anche quando diventiamo adulti e fino alla fine della nostra vita terrena siamo sempre, in qualche modo, embrioni. Questa meravigliosa arte per la salute basata sull'ascolto immobile e sul richiamo di risorse primordiali profonde e antiche mi offre, ogni volta che la pratico, la stupenda possibilità di toccare con mano e con il cuore la perfezione dell'intelligenza del corpo. Anche con Lorenzo è così, sento forte la mia presenza consapevole che rispettosa negozia lo spazio e il contatto con lui alimentando una lenta ma consistente interazione con il suo corpo e, in qualche modo, col suo spirito. Le sensazioni che si provano sono davvero uniche e ogni volta mi meraviglio dell'infinita saggezza del corpo, che risponde sempre ai richiami profondi delle risorse embrionali manifestate durante la sessione di lavoro e armonizza, riallinea, trova il giusto equilibrio nella quiete profonda.

Durante il susseguirsi dei trattamenti con Lorenzo vengono fuori tante sfumature legate a eventi della sua vita, in particolare con la sua famiglia. Nello specifico affiora la sua difficoltà ad accettare certe prese di posizione dei suoi genitori rispetto alle sue scelte di vita, sia affettiva che lavorativa ed emerge chiaramente quanto ho imparato dai grandi Maestri incontrati in tanti anni di studio e lavoro sul corpo: le ginocchia, tra le varie connessioni inerenti la loro fun-

zione, hanno a che vedere con la nostra capacità di fletterci (metterci in ginocchio, quindi) alle difficoltà della vita e non è mai casuale che sia un ginocchio piuttosto che un altro a essere maggiormente coinvolto, in quanto dipende sempre dalla relazione che la persona ha con la propria parte maschile o femminile, con suo padre e sua madre, e relative famiglie di origine. Con Lorenzo il nodo legato al suo problema al ginocchio concerne un grosso conflitto proveniente dalla famiglia paterna, dove da generazioni è mancato fortemente il giusto riconoscimento della figura maschile.

IL CORPO NON MENTE MAI

Come sempre il corpo non mente mai perché è piena espressione dell'inconscio ed esprime attraverso accadimenti e situazioni di varia natura, per citare il Dottor **Gerd Hamer,** *"la soluzione biologica del problema"*. Laddove il cervello non riesce a elaborare il disagio subito da qualunque tipo di trauma o disagio, in particolare inaspettato, la psiche spinge in maniera naturale a trovare la soluzione di conflitto nel corpo e quindi ad ammalarsi in varia forma.

Col susseguirsi dei trattamenti Lorenzo inizia a stare meglio, riferisce di sentirsi più fluido nei movimenti e avverte sempre meno il fastidio al ginocchio che, rispetto a prima, gli permette di vivere con maggior sicurezza e meno affanno. "Non avevo avuto così tanti giovamenti con le terapie provate in precedenza, la cosa mi affascina e vorrei approfondire lo studio e la pratica di questa disciplina" mi dice alla fine di una seduta; gli dico che a distanza di pochi mesi sarebbe iniziato un nuovo ciclo di formazione e gli consiglio vivamente di partecipare ad una giornata di presentazione.

Dopo qualche tempo Lorenzo diventa mio allievo, la sua compagna viene anche lei a farsi trattare da me e la loro vita prende una nuova direzione in termini di qualità e progettualità. È bello quando si ha la chiara sensazione di crescere insieme alle persone che stiamo aiutando, ciò dona gioia e ci fa sentire al posto giusto nel mondo.

Passano alcuni mesi, l'anno di formazione in Biodinamica Craniosacrale volge al termine, Lorenzo lega bene col gruppo, fa un po' fatica a trovare il tempo di praticare per via dei turni di lavoro che sono sempre intensi e massacranti ma ce la fa a finire l'anno. Mi dice che gli è piaciuta molto l'esperienza fatta, che gli ha aperto un mondo ed ha affinato la sua percezione ma anche che, per via di cambiamenti nelle tratte lavorative che lo porteranno a essere spesso lontano, decide di fermarsi nella formazione. Lo tranquillizzo facendogli sentire per quanto possibile l'empatia e la gratitudine per la sua partecipazione al primo anno. Nei mesi successivi ci perdiamo un po' di vista, come è normale che sia, ma ogni tanto lo incontro in pineta, al mare, da solo o con la sua compagna ed il cane a passeggiare. Mai avrei potuto immaginare quanto stava per succedere poco tempo dopo.

È un piovoso giorno di metà gennaio e sto cucinando il mio pranzo, come faccio di solito. Amo fare da mangiare, trovo che sia un'arte che combina gusto, sapori, colori, bellezza e amore in modo sopraffino. Mentre sono tra pentole e fornelli ascolto in sottofondo la radio che trasmette il notiziario regionale e sento una notizia che attira subito la mia attenzione: "Grave incidente questa mattina nella stazione degli autobus di linea in località M.: una ragazza di 13 anni, appena scesa dal pullman che la riportava a casa da scuola, passando incautamente dietro il mezzo fermo, è stata investita involontariamente da un altro bus che viaggiava in direzione opposta. L'autista ha subito frenato ma non c'è stato nulla da fare, la ragazza di nome E. è morta sul colpo. Sul posto sono giunti immediatamente i mezzi di soccorso nel vano tentativo di salvare la giovane ma per i medici del 118 accorsi per prestare aiuto non è rimasto altro che constatare il decesso".

Appena sento la notizia provo subito un grande senso di tristezza per l'accaduto e anche la preoccupazione che alla guida di quell'autobus potesse esserci proprio Lorenzo visto che la città dove è avvenuta la tragedia è tra quelle che egli frequenta durante il suo turno di spostamenti giornalieri. Tra me e me spero che non sia proprio lui, penso "ma si, chissà dove si trovava in quel momento", continuo a fare le mie cose e non ci penso più.

Un paio di giorni dopo vedo sul mio cellulare un messaggio di Lorenzo che chiede di parlarmi con urgenza; un po' preso in quel periodo, rispondo che lo avrei chiamato appena possibile, comunque a breve. Il giorno successivo lo chiamo e sento dall'altra parte una voce rotta dall'emozione che fatico a riconoscere, tremante e direi impaurita. Quello che temevo purtroppo era successo: era Lorenzo alla guida dell'autobus che ha investito E. nel piazzale della stazione di M. Mentre ascolto le sue parole e prendo fiato scatta in me quella scintilla istintiva che riconosco bene perché sperimentata più volte dopo anni di lavoro e che mi porta immediatamente a entrare in una modalità di accoglienza presente e consistente. Il cuore mantiene la calma nonostante il momento difficile da sostenere e riesco a essere molto esaustivo e convincente. Lo esorto a venire da me prima possibile e nel pomeriggio Lorenzo è seduto davanti a me. Parliamo dell'accaduto, dei dettagli dell'incidente, del fatto che lui, legalmente, non ha colpe oggettive ma ovviamente il trauma c'è. Lorenzo è congelato e totalmente dissociato, tipici effetti conseguenti a un evento del genere, per cui lo convinco a sottoporsi regolarmente e anche più volte a settimana a sedute di Biodinamica Craniosacrale.

La prima seduta post trauma manifesta tutto il disagio che il sistema corpo-mente sta vivendo: agitazione, respiro affannato, tremori diffusi e rilascio di emozioni forti.

Ho sempre paragonato le sedute di ascolto Biodinamico al volo in aereo: in assenza di vento e col cielo limpido si gode un viaggio tranquillo con qualche leggero sobbalzo, ma se si incontrano forti turbolenze allora si balla letteralmente sull'aereo senza tregua e non si vede l'ora che passino quei momenti di disagio.

È così anche con il corpo di un ricevente: se non ci sono particolari disagi si percepisce chiaramente che le cose da sole stanno andando per il verso giusto. L'organismo della persona trattata può avere qualche piccolo aggiustamento e rilascio ma tutto resta nella norma senza particolari reazioni di natura estrema.

Al contrario, quando si tratta una persona reduce da un forte shock emotivo, si manifestano in superficie reazioni tangibili molto forti tipo tremori, sobbalzi, respiro affannoso e rilasci di pianto fino ad arrivare a urli liberatori. Quanto succede con Lorenzo è proprio questo: un tentativo continuo del suo corpo di liberarsi di tensioni, dolore profondo, paura e frustrazione.

Tutta la seduta si svolge con me, operatore, immobile e ben radicato, in ascolto delicato e accogliente senza indurre nulla, e col ricevente, Lorenzo, che si muove tutto il tempo sul lettino con dei rilasci mai visti prima su di lui in tanti mesi di pratica.

IL CORPO CERCA SEMPRE LE VIE D'USCITA

Il corpo è meraviglioso nel tentare vie d'uscita a quanto ha subito e patito e se trova davanti a sé qualcuno che lo avvicina con delicatezza alimentando quiete e silenzioso e rispettoso ascolto, cerca in tutti i modi di liberare da sé il disagio. Ovviamente ci vuole del tempo ma quando percepisco e vedo i rilasci di Lorenzo dentro di me sono felice perché so benissimo di essere sulla strada giusta. In realtà non faccio altro che dargli presenza e spazio per richiamare risorse infinite di quiete nel suo cuore, tutto il resto lo fa il suo corpo.

Mentre eseguo il trattamento ad un certo punto percepisco fortemente una presenza accanto a noi due; capita spesso quando sono in ascolto profondo perché so bene di non essere mai solo. Forse ci sono energie di genitori o famigliari accanto noi, oppure figure spirituali di varia natura ed origine, ma stavolta sento che è davvero diverso. Percepisco chiaramente la presenza di una figura giovane di natura femminile, non so spiegare a parole cosa accade in quel momento ma sento con assoluta certezza che si tratta di E., la ragazzina dell'incidente. Una forte emozione mi rapisce il cuore per qualche lungo istante, devo stare attento a non distrarmi e perdere la mia stabilità e presenza. La vibrazione di E. è lì con noi leggera e nello stesso tempo consistente, volteggia sul lettino, mi sfiora e a volte si ferma, c'è e non c'è ma non arreca tensione alcuna e meno che mai paura.

Finita la prima sessione, naturalmente, non dico nulla a Lorenzo di quanto ho percepito perché potrei spaventarlo aggravando la situazione e mi limito a descrivere il forte tentativo del suo corpo-mente di liberare il trauma subito. Lo esorto però a farsi fare una sorta di pulizia energetica da una mia amica terapista e collega con cui ho collaborato per tanti anni, esperta, sensibile e di grande talento, per cui nutro fiducia illimitata. Lorenzo mi ascolta e va da questa terapista e alterna nelle successive settimane le sedute tra me e lei.

Ogni volta che Lorenzo torna a farsi trattare il suo corpo rilascia sempre meno fino a tornare gradualmente in un buon grado di quiete. La cosa notevole però è che E. è sempre meno presente fino a scomparire e percepisco un campo energetico libero e pulito, una dimensione psico-corporea più equilibrata. Sono davvero contento di aver contribuito ad aiutare un amico ed allievo in grande difficoltà. Naturalmente, come ho spiegato anche a Lorenzo, la ferita dell'evento resterà sempre ma la cosa che ha fatto la differenza è essere intervenuti subito per aiutare il suo corpo a tornare in una dimensione di autoregolazione accettabile e permettere un buon ricupero senza assunzioni massicce di farmaci e anni di terapie senza fine. Lorenzo mi ringrazia commosso, ci vedremo ancora ogni tanto per monitorare la situazione ma il più è fatto. La Natura è stata aiutata a fare il suo corso.

Due anni dopo mi trovo nella sala di pratica della scuola di formazione in Biodinamica Craniosacrale con gli allievi del terzo anno. Lorenzo si è fermato alla fine del primo anno come già detto e quelli che ho attorno a me sono i suoi ex compagni. La sala, ampia e luminosa, si trova nel pieno centro della città ed è protetta dai rumori delle auto da un'ampia e provvidenziale doppia porta finestra. Mentre sto spiegando come dobbiamo comportarci con persone che hanno subito forti shock un allievo mi chiede di Lorenzo, come sta e cosa sta facendo. Ho un attimo di indugio, nessuno di loro sa quanto è successo due anni prima.

Trattengo il respiro per qualche secondo, ascolto il mio cuore sul da farsi, potrei semplicemente dire loro che Lorenzo sta bene e che li saluta tutti con affetto ma visto che stiamo trattando il tema del trauma sento che è venuto il momento di condividere l'accaduto in dettaglio anche per far comprendere meglio il tema della nostra lezione.

Inizio a raccontare l'episodio, il trauma subito da Lorenzo, la sua richiesta di aiuto, le sedute che ha ricevute, la percezione chiara della presenza di E. accanto a noi all'inizio delle terapie, il consiglio di farsi aiutare dalla mia collega esperta in pulizie energetiche. Gli allievi ascoltano con attenzione, stupore e occhi lucidi. Arrivo, nel racconto, al momento in cui, dopo varie sedute, la presenza di E. è svanita e Lorenzo manifesta maggior leggerezza e libertà dal dolore ed ecco quello che non ti aspetti: nel preciso momento in cui dico "La presenza della ragazzina è come per miracolo scomparsa" una bellissima farfalla variopinta da mille colori attraversa la sala, passa sopra la mia testa, volteggia leggera e esce dalla finestra che era stata aperta da poco per cambiare l'aria. Nella sala si espande una fortissima emozione, faccio fatica a trattenere le lacrime ma so per certo che quella farfalla è il segno tangibile che E. è stata aiutata in qualche modo a elevarsi e questa è la cosa più importante in assoluto. Da dove sia entrata la farfalla non è dato saperlo in quanto la finestra della sala è stata aperta quando è apparsa.

L'esperienza raccontata è stata tra le più toccanti della mia vita di operatore e terapista; ho avuto conferma che quando si ascolta nella quiete con il cuore allineato tutto può accadere perché la Natura sa esattamente cosa fare per andare incontro all'armonia. Il nostro corpo è composto da vari strati e siamo un tutt'uno tra materia e spirito come espressione tangibile della nostra forte connessione con gli elementi naturali.

Lorenzo oggi sta bene, ha cambiato lavoro ed è diventato padre di due bellissimi bambini.

6. SOMATIC EXPERIENCING® – IL TRAUMA NON È SOLO UN EVENTO

"Il trauma è una realtà della vita,
ma non per questo deve essere una condanna"

- Peter. A. Levine

Nella mia vita professionale di terapista corporeo, prima con lo Shiatsu e in seguito con la Biodinamica Craniosacrale, ho avuto la possibilità di trattare con le mani migliaia di persone, uomini, donne, bambini, di qualunque età e estrazione sociale. Mi ha sempre toccato molto il dover constatare che chi veniva da me, richiedendo un aiuto concreto derivante da una situazione di tangibile disagio, lo facesse quasi sempre nel momento in cui aveva già provato tante altre vie di aiuto al suo problema senza per altro aver avuto risultati, pertanto io ero considerato una sorta di ultima spiaggia da provare. Col tempo mi sono reso conto che comunque queste persone venivano spinte a provare quanto avevo da offrire loro non solo perché afflitte dal dolore ma anche da qualcosa di più profondo, come se inconsciamente cercassero una via per riconoscere la vera ragione dei loro malesseri. Ho imparato in tanti anni di pratica e studio che il corpo è un'entità tangibile che rispetta sempre le regole del gioco, quanto esso rappresenta è sempre sincero e vero. Il corpo non mente mai mentre la "mente" mente. Mai gioco di parole fu così efficace nell'esprimere la verità reale che tocca tutti quanti. Infatti, come ben sanno tutti coloro che si occupano di lavoro psicocorporeo non esiste alcuna separazione tra la psiche e il corpo umano. Se per qualunque ragione contraiamo un disagio psicofisico, da un banale raffreddore a una grave patologia, oppure ci capita di incorrere in incidenti di varia natura che danneggiano il nostro corpo, dobbiamo assolutamente ricordare di chiederci il perché di ciò. Nulla accade a caso e sta a noi cercare di comprendere le cause che non sempre sono riscontrabili ma credo sia nostro dovere, soprattutto se siamo persone che perseguono un percorso di coscienza del sé a fini umanitari e spirituali, cercare ogni volta di scoprire cosa si cela dietro ogni singolo malessere o avvenimento che arreca a noi un certo disagio. In tutte queste considerazioni la cosa secondo me più evidente è che il corpo rappresenta qualcosa di particolarmente tangibile ed è uno strumento meraviglioso pur nella sua complessità, da studiare a fondo sempre più, dall'inizio alla fine della nostra vita.

UN GRANDISSIMO ESEMPIO CI VIENE DAGLI ANIMALI

Se è la psiche a essere turbata da un evento traumatico di qualunque genere, è però sempre il corpo che subisce e manifesta disagio in vario modo. Questo è un punto fondamentale da comprendere quando stiamo vivendo un disagio; chiunque può osservare da questo punto di vista, basta semplicemente iniziare ad ascoltarsi, a non dare nulla per scontato nel dare voce a sensazioni e reazioni corporee. Un grandissimo esempio ci viene dagli animali e, nello specifico, dai nostri simili della specie dei mammiferi. Un enorme contributo allo studio delle reazioni degli animali mammiferi come prede o predatori e delle loro reazioni fisiche e fisiologiche nell'esperienza del trauma ci viene dallo straordinario lavoro del Dott. **Peter Levine** e del suo metodo chiamato **Somatic Experiencing®**. Per comprendere il funzionamento di questo straordinario ed efficace approccio al tema del superamento del trauma basta semplicemente osservare cosa succede al nostro corpo durante e subito dopo aver subito uno shock di qualunque tipo e entità. Il nostro cervello, come abbiamo già detto, espleta sempre le stesse reazioni nel momento in cui si imbatte in situazioni traumatiche. Supponiamo che stiamo camminando in un sentiero di montagna e a un tratto ci troviamo di fronte un serpente velenoso, come una vipera, che si para di fronte a noi con fare minaccioso.

La prima risposta del nostro sistema nervoso autonomo sarà di pertinenza del ramo **Simpatico** che attiva le reazioni di lotta o fuga, per cui o ci battiamo con la vipera aggredendola oppure fuggiamo via il più velocemente possibile. In entrambi i casi le reazione corporee che sperimentiamo saranno le stesse; aumento dei battiti cardiaci, sudorazione alle mani, gola secca, stato di forte allerta generale, pupille dilatate, niente fame, nessuno stimolo ad andare di corpo e, appena dopo aver scampato il pericolo sia essendoci battuti che scappati, tremore generale di tutto il corpo. È la medesima reazione che hanno tutti i mammiferi che subiscono un'aggressione e, quando riescono a salvarsi, scaricano così lo stress subito a livello fisico attraverso il tremito che aiuta tutte le cellule del corpo a liberarsi dallo shock ricevuto attraverso l'esperienza traumatica. Nel caso in cui l'animale non riesca a battersi né a fuggire, il sistema nervoso autonomo cerca una risposta immediata nella sua parte più profonda e ancestrale cioè nel ramo **Parasimpatico,** detto anche vagotonico, in quanto regolato dal più lungo e ramificato tra i dodici nervi cranici che abbiamo in dotazione, il **nervo vago** appunto. In questo caso l'animale predato cade in uno stato di dissociazione e di cosiddetto congelamento, perché è la sua ultima possibilità di salvezza: fare finta di essere morti. Il predatore, credendo la preda morta, potrebbe rilassarsi e distrarsi e ciò permette alla preda ancora una possibilità di fuga. La stessa cosa succede a noi umani nel momento in cui subiamo il trauma, percepiamo una forte attivazione a livello organico, contraiamo e ci dissociamo in varie forme: perdiamo i sensi, dormiamo, ci congeliamo a livello emozionale, chiudendoci al mondo oppure dando la sensazione all'esterno che l'accaduto non sia stato così grave. Visto che chiunque di noi ha subito per varie ragioni un trauma, possiamo dire che a questo mondo siamo tutti indistintamente dissociati, in forme e modalità diverse e che chiunque ha sperimentato una ferita emozionale.

IL TRAUMA NON È ESCLUSIVAMENTE SOLTANTO UN EVENTO

La prima cosa da comprendere è che il trauma non è esclusivamente soltanto un evento ma è un'esperienza fisica che viviamo e che abbiamo la possibilità di liberare attraverso l'osservazione del corpo. Come fanno gli animali, siamo tutti in grado di poterci liberare del trauma subito e tornare alla normalità e anche in tempi molto ragionevoli. Ovviamente, rispetto agli animali, noi umani facciamo molta più fatica in quanto abbiamo un cervello da un lato più evoluto, che ci consente di fare cose che qualunque altro essere non può fare, e dall'altra molto più complesso. Questo fatto può renderci la vita molto più difficile di quanto sia in realtà e possono nascere disturbi e patologie anche serie.

Il cervello umano si distingue in tre parti fondamentali:

- Cervello **Rettiliano**, espressione del tronco encefalico, detto anche Paleopsiche, il ramo più antico che come dice il nome stesso condividiamo anche con i rettili. Questa parte del cervello governa tutti i nostri bisogni primari: nutrimento quindi ingestione e digestione, respirazione, dormire, accoppiamento, riproduzione, escrezione, la risposta attacco-fuga, la difesa o conquista del territorio, dissociazione e congelamento, insomma tutte le reazioni più istintive e quindi maggiormente antiche del nostro comportamento.

- **Cervello o Sistema Limbico**, la parte cerebrale che appartiene a tutti i mammiferi e che rappresenta un'evoluzione dell'encefalo, da istintivo e legato alla sopravvivenza a capace di gestire situazioni più complesse, che prevedono maggior creatività e adattamento alle situazioni da vivere. È la sede delle emozioni e perciò governa la nostra capacità di prenderci cura di noi stessi e degli altri, di amare ed essere amati. È l'istinto protettivo materno tipico dei mammiferi, che tramite questa parte fondamentale del cervello sono in grado di formare nuclei famigliari allevando e difendendo la prole e di creare nuclei e gruppi sociali e relazionali. In questa parte del cervello troviamo strutture che memorizzano tutte le esperienze emozionali a partire già dal periodo prenatale e che possono tornare a galla in qualunque momento della nostra vita.

- **Neocorteccia Cerebrale** di sola appartenenza alla specie umana, è la parte maggiormente evoluta del nostro cervello che ci differenzia da tutti gli altri animali inclusi i mammiferi. Governa tutte le attività cognitive e creative di comunicazione con noi stessi e con il prossimo non solo linguistiche ma anche comportamentali, di previsione del futuro in funzione di strutturare nel concreto la nostra vita. Essa ci consente di creare connessioni tra le varie esperienze in modo tale da trarre, in teoria, contenuti che dovrebbero aiutare ad armonizzare, comprendere e filtrare gli altri due cervelli in modo di poter decidere. È oggettivamente la parte del cervello che governa la condizione mentale, logica, di valutazione, proiezione e manifestazione reale del nostro ego. La Neocorteccia Cerebrale ci offre davvero tanti vantaggi e ci permette di fare cose che nessun altro animale può fare, ma purtroppo è anche quella che crea spesso confusione e, prendendo il sopravvento, razionalizza anche eventi traumatici riducendoli a circostanze in gran parte esclusivamente psicologiche a scapito della pura esperienza corporea. Questo fatto è decisamente da sottolineare in quanto non si può mai separare il corpo dalla mente.

I tre cervelli, in teoria, dovrebbero operare in armonia ma il più delle volte uno di essi prende il sopravvento, ad esempio in base alle esperienze passate che tendono a ripetersi in risonanza e quando l'individuo fa fatica a interagire con se stesso e con il mondo esterno arrivando a creare dei danni. La scoperta del **lobo frontale** del cervello come sede della coscienza, o del vero sé, ci fa capire che è assolutamente necessario per ogni essere umano moderno lavorare su se stesso onde uscire il più possibile dai condizionamenti subiti. Sono molte le vie per fare questo, l'importante è sempre avere la giusta motivazione per farlo.

Dal punto di vista dell'esperienza corporea secondo gli elaborati del Dott. **Levine** ogni volta che sperimentiamo un trauma passiamo attraverso quattro momenti precisi definiti come "**Il nucleo della reazione traumatica**":

- Iperattivazione
- Contrazione
- Dissociazione
- Irrigidimento (immobilità), associato al senso di impotenza

"Insieme queste componenti formano il nucleo della reazione traumatica. Sono le prime a manifestarsi quando si verifica un evento traumatico. Nel corso della nostra vita, tutti le abbiamo provate come normali reazioni. Ciononostante, quando si presentano insieme per un lungo periodo di tempo, sono un'indicazione quasi certa del fatto che abbiamo vissuto un evento che ci ha lasciato un residui traumatico non risolto. Una volta che avremo imparato a riconoscere queste quattro componenti della reazione traumatica, saremo sulla via del riconoscimento del trauma. Tutti gli altri sintomi si sviluppano da questi quattro se l'energia difensiva mobilitata per rispondere a un evento traumatico non viene scaricata o integrata nel giro di pochi giorni, settimane o mesi dopo l'episodio". [1]

Il primo punto, **l'attivazione**, è quando il cuore accelera i battiti, il respiro si fa affannoso, subentra la paura e si sperimenta un certo tipo di ansia che porta anche a stati di insonnia e agitazione generale anche notturna. È il risultato della prima reazione fisiologica che si prova mentre si sperimenta uno shock visto che coinvolge in gran parte il cervello più antico legato alla nostra istintiva capacità di sopravvivenza. Secondo Levine *"se l'iperattivazione, la contrazione, la dissociazione e la sensazione di impotenza costituiscono il nucleo della reazione traumatica, l'iperattivazione è il seme di quel nucleo".* [2]

La seconda fase è la **contrazione** che il corpo attua per potersi difendere dall'impatto, assieme all'iperattivazione. Questa reazione va interpretata come una difesa del nostro sistema nervoso che reagisce allo shock cercando di difendersi in maniera istintiva. Tale esperienza deriva dal riflesso che tutti attiviamo alla nascita passando dall'elemento acqua all'aria. In questa fase fondamentale della nostra vita tendiamo in modo naturale a contrarci per accogliere al meglio il passaggio traumatico legato al momento del parto. Chiunque abbia vissuto o assistito a un parto sa benissimo che si tratta, a prescindere da tutto, di un momento difficile e delicato. Soltanto la madre che ha dato al mondo un figlio sa esattamente cosa significhi in termini di energie e dolore. Nel momento della nascita rivivono memorie legate all'atto sessuale che ha creato i presupposti per il concepimento, nel rapporto carnale procreativo viene esplicitata una certa dose di aggressività. Così, nel momento del parto viene vissuta la stessa cosa, vista l'enorme quantità di energia che si respira in quel cruciale momento del nostro ingresso nella vita terrena. E proprio in quel momento il neonato sperimenta la contrazione che altera la respirazione, i battiti cardiaci e la postura. La medesima reazione si ha nella persona che subisce un aggressione, uno spavento, un qualsiasi disagio di tipo violento dall'esterno, oppure una qualunque informazione traumatica inaspettata dal nostro corpo e dalla nostra psiche. Secondo **Peter Levine** *"Anche* *la consapevolezza percettiva dell'ambiente si contrae, cosicché tutta la nostra la nostra attenzione sia diretta verso la minaccia".* [3]

Nel caso citato all'inizio, dell'incontro su un sentiero di montagna con un serpente velenoso, l'escursionista appena avvistato il rettile non sarà più pervaso dalla bellezza del paesaggio, né dal rumore dell'acqua di sorgente che zampilla poco lontano, né tantomeno dal suono melodioso di canti di uccelli volteggianti nell'aria. Tutta la sua attenzione sarà focalizzata sul rettile che gli appare come una minaccia reale alla sua vita. Il sistema nervoso centrale ha in quel momento attivato tutti i suoi strumenti per poter operare in stato di piena allerta e, se costretto, sarà in grado di far fare all'escursionista gesti atletici normalmente fuori dalla sua portata. Il ramo simpatico infatti stimolando fortemente la secrezione di adrenalina dalle ghiandole surrenali metterà la persona nelle condizioni di esplicare azioni di tipo straordinario. Come saltare da una riva all'altra di un fosso ampio o sollevare pesi che in uno stato normale non si potrebbero mai tirare su. Nel caso in cui l'individuo, coinvolto nell'esperienza di iperattivazione e contrazione in una situazione di emergenza traumatica, non riesca nell'impresa di scaricare tutta quell'enorme quantità di energia profusa a livello adrenalinico attraverso il successo della sua azione, egli andrà incontro a delle reazioni che lo porteranno ad altri tipi di ulteriore difesa somatica come l'irrigidimento e la dissociazione. Quest'ultime reazioni sono determinate dal sistema nervoso che viene in aiuto alla persona traumatizzata non in grado di focalizzare, attraverso la contrazione, l'energia necessaria per difendersi. *"La contrazione, la dissociazione e l'irrigidimento costituiscono tutta la batteria di reazioni che il sistema nervoso utilizza per occuparsi della situazione in cui dobbiamo difenderci ma non possiamo farlo".* [4]

La reazione **dissociativa** a un evento traumatico è la più comune e nello stesso tempo la più misteriosa. Secondo **Michael Kern**, eminente Osteopata e Maestro di Biodinamica Craniosacrale, a questo mondo, siamo tutti dissociati. La reazione di questo tipo avviene in modo naturale quando ci troviamo di fronte a situazioni in cui apparentemente non abbiamo via di uscita. Il nostro sistema nervoso autonomo dopo aver attivato la parte più esterna di fronte al pericolo, il ramo simpatico di difesa o fuga, sentendosi seriamente minacciato attiva la parte più profonda della sua struttura, cioè il ramo parasimpatico vagale che governa reazioni istantanee, tra le tante, di perdita di conoscenza, sonno immediato, rilassamento profondo di tutto il corpo a "peso morto". Il Dott. **Levine,** osservando la reazione dei mammiferi predati, ha dedotto come questa reazione si manifesti nel momento in cui l'animale si rende conto di essere stato catturato e che, istintivamente, non è più in grado di lottare per poter fuggire. Ecco che la natura con le sue meravigliose risorse viene incontro all'animale predato andando a stimolare una risposta profonda e antica del suo essere: quella di fare finta di essere morto oppure semplicemente abbandonandosi completamente perdendo i sensi.

Questo è da considerare un atto incredibilmente caritatevole del corpo al fine, uno, di evitare all'animale predato il dolore esacerbato in una situazione di grave pericolo e, due, di concedergli un'ultima chance di salvezza nel caso il predatore si distragga, infatti in una tale situazione il predato potrebbe ancora scappare. Tutto questo processo è fisiologico e comune a tutti i mammiferi, incluso l'essere umano il quale, se soltanto conoscesse meglio il meccanismo naturale che tutti i membri della sua stessa famiglia attuano in situazioni di pericolo o shock di varia natura, potrebbe elaborare assai prima il trauma e liberarsi da tanti incubi.

Come descrive molto bene **Peter Levine,** appena l'animale predato riesce a sfuggire in qualche modo al predatore, trema e scarica lo stress fisico e il trauma attraverso il proprio corpo; così siamo liberi di fare altrettanto noi. Pertanto, partendo sempre dal nostro corpo abbiamo a disposizione strumenti e risorse straordinari, assai superiori a quanto la maggioranza delle persone pensano. Gli animali, assieme ai bambini, sono dei grandissimi Maestri da cui imparare sempre e comunque.

I DIVERSI GRADI DI DISSOCIAZIONE

È bene ricordare che esistono diversi gradi di dissociazione. Si va da quelle più leggere e che tutti abbiamo sperimentato almeno una volta nella vita, per esempio quando non ricordiamo dove abbiamo parcheggiato l'auto la sera prima oppure dove abbiamo messo gli occhiali avendoli magari addosso, oppure, sovrappensiero, quando sbagliamo l'uscita dell'autostrada, o quando qualcuno ci sta parlando e, pur sentendo, non ascoltiamo perché siamo focalizzati su altro. Si può dire che quasi ogni giorno, per certi versi, sperimentiamo in linea di massima piccole forme dissociative. Ovviamente, nel caso di traumi seri e repentini, come essere aggrediti da qualcuno o da animali, subire abusi e violenze di vario genere, incorrere in incidenti gravi magari vedendo una persona cara o amica perire, ricevere notizie improvvise di perdite pesanti e tanto altro, la dissociazione sarà molto più consistente e può condizionare anche tutta la vita dell'individuo. Questo è il caso di dissociazioni croniche che possono sfociare in problematiche complesse che con il passare del tempo diventano maggiormente difficili da affrontare in quanto l'energia iperattivata rischia di non poter essere sfogata all'esterno.

"Le persone che sono state ripetutamente traumatizzate da piccole spesso adottano la dissociazione come modalità preferenziale di stare al mondo. Si dissociano prontamente e abitualmente senza averne coscienza. Persino gli individui che non si dissociano abitualmente lo faranno quando diventeranno eccitati o cominceranno ad accedere ad immagini o sensazioni traumatiche inquietanti. In entrambi i casi la dissociazione svolge un ruolo importante nell'aiutare a mantenere l'energia non scaricata dell'iperattivazione disconnessa dalla piena intensità della nostra esperienza". [5]

Il senso di impotenza avviene in modo naturale in conseguenza alla reazione biologica primitiva che la persona traumatizzata sperimenta durante l'evento drammatico che ha vissuto. È una difesa somatica che si manifesta con un sintomo ben preciso e tangibile: l'irrigidimento. Si noti che il fenomeno avviene nello stesso tempo in cui il corpo è impegnato ad attivarsi onde reagire attraverso la reazione simpaticotonica di attacco o fuga. Pertanto il nostro corpo, nel momento in cui sperimenta uno shock, attiva due funzioni in completa antitesi tra esse: l'attivazione e la cura. È come se in un automobile si spingesse l'acceleratore e il freno allo stesso tempo. È molto importante considerare questa reazione in quanto ci dimostra, ancora una volta, che il nostro corpo è una macchina perfetta strutturata da tre miliardi e mezzo di anni di evoluzione.

OGNI SINGOLA REAZIONE SOMATICA HA SEMPRE UNA RAGIONE DI ESISTERE

Ogni singola reazione somatica che sperimentiamo pertanto ha sempre una sua precisa ragione di esistere ed è sempre a nostro favore, per proteggerci salvaguardando per quanto possibile la nostra incolumità. Nel caso in cui l'azione traumatica si ripeta, come spesso accade nel fenomeno definito "coazione a ripetere", gli effetti sul senso di impotenza e irrigidimento saranno devastanti e assai più complessi da trattare. Facciamo un esempio assai più diffuso di quanto si possa pensare: quello di un abuso subito. Va detto subito che la maggioranza della violenza espressa nella nostra società si esplicita ogni giorno tra le mura domestiche molto più che per le strade delle periferie malfamate delle città. Da sempre, a causa di precise cause di ignoranza sul funzionamen-

to del nostro corpo, l'utilizzo distorto dell'energia sessuale ha creato immani danni in tutto il mondo, da nord a sud, a prescindere dall'etnia e dalle condizioni sociali dell'individuo. Da generazioni e generazioni gli abusi sessuali si sono perpetuati e continuano tutt'ora a danno di donne, uomini, bambine e bambini. Un fenomeno spesso riconducibile all'ambito famigliare, il più delle volte proprio ai genitori i quali, oltre ad esercitare abusi sessuali, possono frequentemente utilizzare un'altra forma di abuso, molto meno evidente ma altrettanto deleterio, cioè l'abuso psichico.

CHI SUBISCE UN TRAUMA TENDERÀ PER RISONANZA A RIPETERE

Questo può manifestarsi, ad esempio, nel momento in cui i genitori obbligano i figli a fare lo stesso lavoro che hanno fatto loro per generazioni, il classico caso del nepotismo di alcune classi sociali come i notai, gli avvocati, i farmacisti, i medici, ma possibile anche in qualunque altra attività lavorativa. Come per l'abuso sessuale, quello psichico porta con sé il tema della coazione a ripetere. Per cui così come chi è stato abusato sessualmente in tenera età tenderà a richiamare altri abusi da terze persone, chi è stato costretto dai genitori a esercitare professioni che non voleva realmente fare, tenderà a ripetere lo schema con i propri figli. In entrambi i casi, con modalità e intensità diverse si intende, la persona subisce un trauma che tenderà per risonanza a ripetere: per cui gli effetti somatici che abbiamo visto fino ad ora si moltiplicheranno. E nel caso del senso di impotenza, sarà ancora maggiore e complesso da disarticolare e sanare. *"Come l'iperattivazione e la contrazione, il senso di impotenza è un riflesso palese dei processi fisiologici in corso nel corpo. Quando il nostro sistema nervoso entra in uno stato eccitato in risposta a un pericolo e noi non possiamo difenderci e scappare, la strategia successiva che adotta è quella dell'immobilizzazione. Quasi ogni creatura vivente ha nel suo repertorio di strategie difensive questa reazione primitiva".* [6]

Durante l'esperienza dello shock, l'iperattivazione, la contrazione, la dissociazione e l'impotenza sono fattori oggettivamente sempre presenti ma il Dott. **Levine** sottolinea come il trauma per potersi definire tale necessiti sempre di ripetizioni che portino alla cronicità del problema, proprio come avviene nella coazione a ripetere di cui abbiamo parlato. Col tempo infatti gli eventi traumatici interagiranno sul corpo del soggetto estendendosi a tutte le sue cellule e ciò condizionerà completamente la sua vita. È proprio attraverso discipline come **il Somatic Experiencing®** che possiamo aiutare in modo consistente le persone che hanno subito traumi di qualunque genere a scaricare il disagio fisicamente in modo da liberarsi completamente da malesseri esacerbati. Proprio come fanno gli animali predati quando riescono a sfuggire alla violenza dei loro predatori.

Note: **1,2,3,4,5, 6:** Da **"Traumi e shock emotivi" Peter Levine (Macro Edizioni, Cesena, 2002)**

7. RITROVARE LA PROPRIA STRADA

di Gabriella Caiazzo

"Un viaggio, per quanto terribile possa essere, nel ricordo si trasforma in qualcosa di meraviglioso"

- Banana Yoshimoto

Sandro sta guidando ad una velocità sostenuta, si trova immerso in un bellissimo paesaggio, è rilassato e ascolta la sua musica preferita. Si sta godendo quel momento di bellezza e di rilassamento, fra poco si incontrerà con la sua compagna e gli amici per un fine settimana fuori città. Dall'altra parte della carreggiata il conducente della macchina ha fretta, è distratto. Per Sandro, in un decimo di secondo, il bellissimo paesaggio scompare di fronte all'immagine spaventosa di quella macchina. Poi il boato dell'impatto copre ed interrompe il suono della musica. Il suo corpo nella collisione subisce uno scuotimento.

Per un attimo si stacca dal suo corpo, è lontano da quel luogo.

È rapito dall'immagine di quel barman che di solito gli prepara il suo drink preferito, i cui polsi ritmicamente muovono le mani che agitano il bicchiere dello shaker.

Non sente dolore, mentre la sua testa sbatte contro il volante.

In una frazione di secondo Sandro da uno stato di normalità si ritrova catapultato in uno scenario completamente diverso.

Per rassicurare il lettore, Sandro ce l'ha fatta. L'ambulanza è arrivata poco dopo, attrezzata per le emergenze, è stato portato in ospedale. Se l'è cavata con un leggero trauma cranico, due costole incrinate e il piatto emitibiale della gamba destra fratturato.

Dopo la riabilitazione, Sandro ritorna alla sua vita normale. Si accorge però che è cambiato qualcosa quando si mette al volante per guidare. Arriva improvvisamente uno stato d'ansia, raggiunge la destinazione con grande fatica. La cosa si ripete ogni volta che guida, si associa altra ansia. Quando è in macchina con un'altra persona che guida ha delle reazioni di trasalimento, si fa scappare "stai attento, non vedi che ti sta venendo addosso?". Per i suoi amici e la sua compagna è difficile rassicurarlo, pur volendolo aiutare. La cosa comincia ad influenzare una serie di sue scelte e emergono alcuni sintomi. Evita di prendere la macchina, di fare dei week end con gli amici fuori porta, non dorme bene, è spesso stanco, la sua vitalità è fortemente compromessa, sembra che improvvisamente sia invecchiato. Se c'è un suono o un rumore improvviso, nella stanza accanto o per strada, reagisce trasalendo. Lo vive come qualcosa di pericoloso e, qualsiasi cosa stia facendo in quel momento, la interrompe all'istante, si focalizza sulla fonte della presunta minaccia per proteggersi.

LA DIFESA COSTANTE DA UNA MINACCIA ESTERNA

"Come posso gestire ciò che mi sta accadendo? Cosa accade nella mia vita dopo quell'incidente?"

Mi ha chiesto Sandro quando è venuto al mio studio, inviatomi dall'Associazione Progetto Somamente di Milano alla quale si era rivolto sapendo che quest'ultima è la referente in Italia del Metodo Somatic Experiencing®. Cercava un esperto abilitato a farlo nella sua città.

È chiaro che c'è un cambiamento rilevante nella vita di Sandro dopo quell'incidente, qualcosa che non sa spiegare e che vive come se dovesse difendersi costantemente da una minaccia esterna.

Dopo un periodo di sedute di SE, Sandro gradualmente ha ricominciato a guidare ed è ritornato a fare le cose che gli piacciono senza sforzo.

Ci sono molti metodi di risoluzione del trauma, quello a cui faccio riferimento e che ho inserito nella mia pratica quotidiana come psicologa clinica e psicoterapeuta e che mi ha dato una visione aggiuntiva integrabile anche ad altre formazioni è appunto il Metodo Somatic Experiencing®.

Nasce dal lavoro del dottor **Peter Levine** che ha iniziato la sua esperienza professionale sul trauma circa 45 anni fa, lavorando con persone e gruppi sottoposti a situazioni traumatiche e sotto stress estremi, come abusi, violenze, guerre, terremoti.

Bisogna dire però che, fin dall'inizio della sua ricerca, avvenuta tra gli anni '60 e '70, rimase colpito dal fatto che esistevano nella vita delle persone moltissimi eventi traumatici che troppo spesso erano trascurati o addirittura ignorati perché considerati avvenimenti apparentemente banali come le procedure dentistiche, le cadute, gli incidenti, le punizioni, le offese, le separazioni, la nascita, l'ospedalizzazione. Comprese che ci sono diverse e molteplici fonti che possono causare un trauma e che possono generare alle persone di tutte le età e ai bambini, ancor di più se piccolissimi, il fatto di "incepparsi", di rimanere bloccate dalla paura, dal collasso, dall'impotenza.

LA RISPOSTA FISIOLOGICA ALLA MINACCIA DELLA PREDA NEI CONFRONTI DEL PREDATORE

A volte anche quelle situazioni che sono portatrici di grande gioia possono portare con sé un vissuto traumatico come nel periodo della vita prenatale e la nascita.

Peter Levine, grande studioso del comportamento degli animali che vivono allo stato selvatico, approfondisce la risposta fisiologica alla minaccia della preda nei confronti del predatore e attinge a piene mani dalla loro saggezza di comportamento per elaborare il suo metodo. Egli ha avuto modo di capire come il corpo reagisce a queste esperienze.

Comprende che gli animali che vivono allo stato selvatico restano raramente traumatizzati pur se sono continuamente esposti al pericolo per le loro vite. Essi hanno una naturale 'immunità' alla traumatizzazione che viene seriamente pregiudicata quando gli stessi animali sono tenuti in condizioni di cattività.

I suoi studi sul comportamento degli animali lo guidano ad una scoperta: la natura ha dotato tutti gli animali, compresi gli esseri umani che hanno una risposta alla minaccia che assomiglia maggiormente a quella degli animali tenuti in condizioni di cattività, di un sistema nervoso capace di ristabilire il proprio equilibrio. Infatti una delle cose che il dottor Peter Levine ha compreso, nel suo lunghissimo percorso di ricerca, è che l'essere umano ha un'innata capacità di guarire ma che, se bloccata o disturbata, può compromettere questa funzione di auto-regolazione.

Uno dei presupposti per aiutare le persone a poter fare un percorso di guarigione dal trauma attraverso il metodo Somatic Experiencing® è avere interesse a conoscere la Neurofisiologia.

La risposta fisiologica sana del sistema nervoso autonomo è un ininterrotto accadere di cicli di attivazione e scarica, un flusso tra simpatico e parasimpatico. Ci sentiamo comodi nel nostro corpo, siamo a nostro agio e un senso di benessere ci accompagna. È come quando in una casa c'è un impianto di riscaldamento che funziona alla perfezione, con un termostato che mantiene la giusta temperatura. Poniamo che la curva oscilli tra 18 e 22 gradi e la temperatura ideale nella casa è 20 gradi. Per ottenere la temperatura di 20 gradi sappiamo che il termostato oscilla, prima va un po' su poi si spegne e scende la temperatura, poi risale un po' e questa è la temperatura adeguata. Come Sandro mentre guidava immerso nel bellissimo paesaggio, ricordate?

QUELLA SPIA CHE RIMANE ACCESA

Quando il nostro sistema nervoso autonomo è sopraffatto, l'attivazione rimane bloccata al nostro interno, è un modo per contenere l'eccitazione o l'attivazione che non si è scaricata, così come accade in una condizione traumatica dove il sistema nervoso è sregolato. Una frequenza cardiaca normale, in genere oscilla fra i 70 e gli 80 battiti al minuto, ma se il battito cardiaco scende a 40 o aumenta improvvisamente a 100 battiti, il sistema nervoso non è nel flusso normale ed il problema può presentarsi a livello fisico, emozionale e cognitivo.

Quando siamo in uno stato sregolato non ci sentiamo più al sicuro, ma anche quando è finita l'esperienza traumatica e tutto intorno a noi è tornato sostanzialmente sicuro, per il sistema nervoso la spia del pericolo rimane accesa.

Come è accaduto a Sandro dopo aver fatto quell'incidente: qualcosa che non sapeva spiegare, lo faceva vivere come se dovesse difendersi costantemente da una minaccia esterna.

Irascibilità, ansia, panico, stati d'impotenza, depressione, dissociazione, iperattività, insonnia, esaurimento, emicranie, ad esempio, sono le spie di qualcosa dentro di noi che richiede attenzione e che se inascoltate, possono trasformarsi via via in sintomi sempre più gravi disturbando o anche pregiudicando ogni livello della nostra vita.

La buona notizia è che tutti questi sintomi possono essere alleviati quando la persona riesce a ritrovare uno stato di equilibrio.

"Il trauma non è quello che ci accade, ma quello che tratteniamo dentro in assenza di un testimone empatico" (Peter Levine).

Un testimone empatico, infatti, che sia competente ed esperto nel metodo di Metodo Somatic Experiencing®.

Alcune linee guida di in una seduta di SE.

Presupposto fondamentale è far sentire la persona sufficientemente al sicuro. Ciò è determinato dalla relazione con il terapeuta e da un ambiente idoneo ad accoglierla così da accompagnarla nell'esperienza.

È importante invitare la persona a sostenere l'esplorazione iniziale e l'accettazione delle sensazioni, lo si fa un po' per volta a piccoli passi, così che la persona possa stabilire un contatto con il proprio corpo e da questa esplorazione iniziale possa "toccare le proprie sensazioni".

L'intenzione è di accogliere ed incontrare il cliente lì dove è, di lavorare con il suo 'raggio di resilienza' cioè con la capacità di ripresa del 'suo' Sistema Nervoso. Noi siamo resilienti, plastici. Il nostro Sistema Nervoso sa come cambiare tipo di energia e avere quello di cui ha bisogno. In Somatic Experiencing® abbiamo la parola risorsa, attingere alle proprie risorse e/o imparare a rifornirsi di risorse.

Di solito con il trauma c'è una quantità eccessiva di costrizione, troppo dolore, troppa sofferenza, facciamo questa danza fra quello che è stato molto difficile per la persona e quello che è una risorsa per una persona.

PENSA A QUALCOSA CHE TI FA SENTIRE PIÙ SICURO

A tale proposito propongo una piccola esperienza.

Vorrei che ognuno di voi pensasse a qualcosa che lo fa sentire più sicuro, più confortato, più sostenuto. Può essere una persona con cui state a vostro agio, può essere un luogo dove vi sentite bene, può essere stare nella natura, può essere un'attività come la musica, l'arte, il teatro. Può essere un vostro stato interiore.

Prendetevi un po' di tempo per pensare a questa cosa bella che vi fa sentire rassicurati, confortati, supportati, sicuri.

Se volete chiudete gli occhi e notate cosa succede nel vostro corpo quando entrate in contatto con questa risorsa. Potrete aver sperimentato uno stato di quiete, silenzio, gioia, vitalità, forza... è una cosa che avete fatto in pochissimi secondi.

Ritorniamo alla nostra piccola esperienza, vorrei che vi ricordaste di quando avete trovato quella *cosa bella* che vi fa sentire rassicurati sicuri e confortati.

Non solo può venire più facile con gli occhi chiusi ma potrete avere più beneficio se la trasformate in una sensazione del e nel vostro corpo, questa sensazione sentita che in SE chiamiamo *felt sense*.

Di solito il respiro diventa più profondo e naturale.

Possiamo avere una sensazione di espansione, di calma, rilassamento, radicamento. Ancora notate cosa accade, per esempio, nel plesso solare, nello stomaco, nella mente e piano piano Includendo ogni parte del corpo.

Una volta che vi sentite ben stabilizzati, potete spostare la vostra attenzione su qualcosa di leggermente irritante, del tipo, un amico che viene in ritardo a pranzo, il rumore del traffico.

Notate adesso che cosa succede nel vostro corpo quando spostate l'attenzione su qualcosa di *leggermente irritante.*

Di solito la respirazione diventa superficiale, frammentata.

Contrazione muscolare. Leggera ansia. Un po' di pressione nella mente.

Avete notato che succede esattamente il contrario di quello che succedeva prima?

Per questo motivo non voglio lasciarvi troppo in questa cosa *leggermente irritante.*

Riprendetevi un momento per tornare alla risorsa. Prendetevi un po' di tempo per pensare a quella *cosa bella* che vi fa sentire rassicurati, confortati, supportati, sicuri. Quella di prima o anche una nuova.

Bene. Avete notato che è una cosa che avete fatto in pochissimi secondi?

Questo è un piccolissimo esempio della capacità che ha il Sistema Nervoso di saper come cambiare tipo di energia e avere quello di cui ha bisogno.

AD UNA CONTRAZIONE SEGUE UN'ESPANSIONE

Pendolazione è il termine creato da Peter Levine per indicare il ritmo del sistema nervoso di spostarsi tra espansione e contrazione. La persona viene aiutata a stare in contatto con ciò che sperimenta dentro di sé, nella fisiologia del corpo e può imparare a conoscere così prima il momento della contrazione del corpo e poi il momento successivo che ha a che fare con l'esperienza dell'espansione del corpo. Aiutato dal terapeuta scoprirà che ad una contrazione segue un'espansione e imparerà a seguire questa pendolazione.

Queste risulteranno da alcuni semplici ma utili segnali, quali un maggior senso di stabilità, un maggior controllo dei due momenti di contrazione ed espansione, riconoscendo quando il corpo si contrae e quando si espande. Ci sarà in quei momenti la scoperta che quella sensazione sensoriale, associata alla minaccia, si è affievolita.

E proprio per questo che un altro passo importante è lasciare andare piccolissime quantità di materiale traumatico.

Questo momento del lavoro viene definito *Titolazione*, termine creato da Peter Levine per prendere contatto con la più piccola goccia di attivazione, molto gentilmente, perché con la titolazione si entra "nell'attivazione" del materiale traumatico, così da creare una maggiore stabilità, resilienza e riorganizzazione del sistema nervoso. Dopo la persona potrà riappropriarsi con fiducia delle proprie risposte difensive riattivate.

Può accadere che quando una persona esce dall'immobilità sia spaventata dalle proprie sensazioni e la paura può riportarla nell'immobilità.

Peter Levine la chiama *"immobilità potenziata dalla paura"*; in questi casi è necessario *disaccoppiare* la paura dall'immobilità.

Un altro tassello importante è quello di aiutare la persona a regolare gli stati di alta attivazione in modo da ridistribuire la massa di energia vitale mobilizzata nell'azione di preservare la sua vita, così da essere pronta a contenere la sensazione di attivazione e a muoversi attraverso di essa per ristabilire un equilibrio dinamico e una vigilanza rilassata.

Questo significa anche supportare le funzioni più complesse del cervello e favorire *l'autoregolazione*, per facilitare il *riorientarsi* della persona nel qui e ora e, come nell'esempio di Sandro, in presenza di un testimone empatico, ritrovare la propria strada, invitandola a riappropriarsi di una postura incline al coinvolgimento sociale per meglio ritornare nella sua vita.

8. LA TEORIA POLIVAGALE, UN APPROCCIO OLISTICO AL NOSTRO SNA (SISTEMA NERVOSO AUTONOMO)

"La mia è una teoria in sintesi sul legame mente-corpo"

- Stephen W. Porges

Al notevole contributo portato alla scienza che studia il fenomeno del trauma da Peter Levine è doveroso accennare a un'altra recente teoria, quella *Polivagale* elaborata dal **Dott. Stephen Porges**, che ha notevolmente ampliato lo studio e le applicazioni nello stesso campo e, non ultimo, aperto una nuova frontiera interattiva in tutto il mondo scientifico internazionale comprendente la medicina (compresa ovviamente quella Complementare), la neonatologia, la pediatria, la psichiatria e la psicologia. A tutte queste fondamentali e importantissime scienze umane mi permetto di aggiungere tutte le tecniche psico-corporee che comprendono scambi attraverso massaggi e, in generale, arti per la salute come le già citate Discipline Bio-Naturali. Dirò di più, la Teoria Polivagale è uno strumento straordinariamente utile in qualunque ambito e situazione per chi abbia a cuore la propria vita e sia alla ricerca di verità e conoscenza.

Tutto ha inizio nei primi anni novanta, quando Porges sta conducendo in America una ricerca sull'impatto che le terapie intensive possono avere nei bambini prematuri. Lo studio è portato avanti assieme a un'equipe di altri medici, inclusi cardiologi, psichiatri e psicologi. Rilevati più volte casi di bradicardia, collassamento e "morte in culla" sui bambini monitorati, tutti questi fenomeni hanno ha che vedere con la risposta del nervo vago. Nello stesso tempo, durante la ricerca, lo staff prende coscienza che anche nei casi in cui, al contrario, i bimbi grazie alle cure e alle attenzioni amorevoli delle mamme e di "care giver" riescono a sopravvivere, tale risposta è sempre di natura vagale. In particolare i prematuri reagiscono molto bene al contatto, allo sguardo, alla voce, ai suoni tutto intorno.

IL PARADOSSO DEL VAGO

Ecco che nasce quello che Porges chiamerà più avanti il *"paradosso del vago"*, cioè risposte diametralmente opposte, una di morte e l'altra di vita dei bambini, aventi entrambe a che vedere con lo stesso fondamentale nervo del Sistema Nervoso Autonomo.

Attraverso il confronto e la condivisione con altri specialisti del settore di neonatologia, Porges si rende conto che esistono due rami del nervo vago: uno dorsale più antico non mielinizzato, che governa organi e visceri che si trovano sotto il livello del muscolo diaframmatico e l'altro, più evoluto e più recente, ventrale mielinizzato, appartenente a tutti i mammiferi primari, che governa organi e visceri e che giace sopra la linea del muscolo diaframmatico. A questo punto viene messa in totale discussione la teoria fino ad allora avvallata dalla scienza ufficiale secondo la quale il SNA sia diviso due: Simpatico e Parasimpatico. In realtà i rami sono come abbiamo detto tre, hanno tutti una specifica funzione ed entrano in ballo a seconda della situazione in cui stiamo vivendo. Fino ad ora si sosteneva che i due rami del SNA fossero i soli responsabili delle nostre reazioni neuronali agli stimoli esterni dell'ambiente, nello specifico il simpatico, proprio di tutti i mammiferi, governatore della reazione di attacco o fuga strettamente connesso al tronco encefalico, il cervello antico detto anche rettiliano si trova all'esterno. Il simpatico entra in azione non appena percepiamo una qualsiasi sensazione di pericolo su qualunque piano e ha a che fare con la mobilizzazione del nostro corpo sia che attacchiamo per difenderci oppure che fuggiamo per salvarci. La sua reazione, immediata, è legata a grandi quantità di stress e la possiamo percepire attraverso aumento dei battiti cardiaci, sudore alle mani, alterazione del respiro, pupilla dilatata e tante altre reazioni già descritte nel precedente capitolo sul Somatic.

Il parasimpatico, più profondo all'interno e più antico interviene nelle stesse situazioni nel momento in cui il pericolo sta diventando minaccia attivando il fenomeno della dissociazione che si può ulteriormente trasformare in congelamento emozionale, il cosiddetto "freezing". Nel caso in cui l'evento traumatico sia di grande impatto oppure ci si trovi in situazioni estreme di pre mortem lo stesso ramo può portare al decesso. Ma la reazione parasimpatica non interviene soltanto per proteggerci ma anche per rigenerarci, socializzare, sperimentare stati di quiete, empatia, gioiosità e altro. Ed è qui che Porges suddivide il nervo vagale in due: il dorsale, quello più antico, non ricoperto di mielina, una sostanza detta bianca per la sua colorazione che ha funzioni di protezione e isolamento attraverso la guaina midollare delle fibre nervose e della conduzione dello stimolo nervoso. Il Vago Dorsale (VD) entra in funzione in situazioni estreme di minaccia e, come già detto, governa gli organi sotto diaframmatici cioè quelli preposti alla digestione e ai nostri bisogni primari legati ad assimilazione ed escrezione. È presente in quasi tutti i vertebrati, causa bradicardia neurogena e mantiene nei mammiferi funzioni connesse a processi vegetativi. La sua attivazione causa immobilizzazione, tipica anche nei rettili e blocco emotivo.

USARE CON CURA LO SGUARDO E LA PAROLA CON CHI ABBIAMO DI FRONTE

L'altro ramo, il Vago Ventrale (VV), che troviamo in tutti i mammiferi più evoluti incluso quindi gli umani, risulta essere mielinizzato quindi maggiormente raffinato nella trasmissione neuronale, governa le nostre reazioni di scambio empatico sociale, stati di relax, euforia, effusioni amorose e in generale tutte le situazioni che noi viviamo in condizioni di quiete con l'ambiente circostante e con il prossimo. Tenendo conto che il nucleo (detto ambiguo) del vago nasce dal tronco encefalico e governa tutti gli organi situati sopra il diaframma oltre a occhi, bocca, orecchie, muscoli facciali e del collo e faringe siamo in grado di comprendere quanto sia di fondamentale importanza usare con cura lo sguardo, la parola e coltivare un atteggiamento empatico con chi abbiamo di fronte.

Attraverso fibre afferenti sovra diaframmatiche guida i muscoli del volto, faringe, polmoni e cuore, determina la nostra capacità di esprimere emozioni con espressioni facciali, voce, la prosodia (abilità di armonizzare le narrazioni orali) e il respiro. Riassumendo ha due funzioni: una visceromotoria che regola il cuore e gli organi che si trovano sopra il muscolo diaframmatico. E somato motoria dove governa i muscoli del collo, della faccia, della testa regolando di conseguenza il sorriso, la vocalizzazione, il contatto visivo, e l'ascolto che determinerà la capacità di comunicare e il coinvolgimento sociale verso cui orientiamo la vita di relazione donando sicurezza a noi stessi e agli altri. A tale proposito è bene sapere che il VV inizia la sua formazione negli ultimi tre mesi della gravidanza e completa la sua strutturazione nei primi anni di vita. Da tutto ciò possiamo dedurre che tutti i mammiferi nel loro percorso di evoluzione filogenetica hanno strutturato nel tempo strategie complesse sempre più raffinate di difesa attraverso il proprio SNA. Prendere coscienza di tutto questo risulta estremamente importante ai fini della qualità con cui possiamo vivere la vita.

La triade del nostro SNA è paragonabile ai tre colori del semaforo che ogni giorno chi viaggia in auto dentro una città si trova ad affrontare. Il colore verde che ogni guidatore anela d'incontrare sulla propria strada lo associamo al VV in quanto rappresenta la nostra modalità calma di scambio con l'ambiente esterno e le altre persone. In questa situazione interagiamo col mondo attraverso situazioni di empatia, a tu per tu, condividendo momenti piacevoli di qualunque genere: ridendo, ballando, passeggiando nella natura, meditando, amando, guardando gli occhi di un bambino, prendendoci cura di lui o di un animale, godendo della visione di un capolavoro artistico, esprimendoci con la musica, la pittura, un'altra arte e tanto altro. In questo schema il nostro SNA viaggia tranquillamente senza alcun tipo di problema, le reazioni neuronali ci permettono così di rigenerarci e farci stare bene in generale, dormiamo e riposiamo bene. In questo caso il Sistema Nervoso Simpatico sarà completamente escluso, la reazione in questione viene detta anche "freno vagale" in quanto la reazione di difesa simpaticotonica è disattivata.

Quando dal colore verde il semaforo diventa giallo sappiamo che c'è un avvertimento, un segnale di attenzione e eventuale pericolo. Possiamo comparare questa reazione nel nostro SNA all'attivazione del SNS (Sistema Nervoso Simpatico) che entra in azione non appena il nostro organismo percepisce un pericolo di varia natura. La reazione sarà sempre di agitazione, in quanto il SNS è strettamente correlato alla risposta di attacco o fuga per cui ha a che vedere con l'azione, la mobilizzazione. Nell'auspicabile caso in cui il pericolo sia scongiurato il SNA tornerà immediatamente sotto il governo del VV e tutto sarà ricomposto senza particolari problemi. Il corpo in questo caso, come abbiamo visto parlando del Somatic, potrebbe aver bisogno di tremare per scaricare prima lo stress adrenalinico dovuto allo spavento per poi rientrare in modalità ventro vagale.

Nel momento in cui il semaforo che ci troviamo di fronte è rosso dobbiamo fermarci altrimenti ci esponiamo a pericolose conseguenze. Questa è la reazione, in caso di seria minaccia per la nostra esistenza, attivata dal VD che governa situazioni di dissociazione, che può portare al congelamento emozionale, alla bradicardia neurologica, al collasso o a sincopi. In pratica questo ramo vagale del sistema nervoso periferico può condurci, in casi estremi, fino alla morte, ma anche in questo caso tutto il meccanismo va interpretato come atto di assoluta difesa per evitare sofferenze estreme. Quando si entra in questa fase richiamando la parte più antica del nostro SNA stiamo sicuramente vivendo e sperimentando una situazione al limite delle nostre forze psicofisiche. Secondo il pensiero del Dott. Porges in tale situazione non stiamo vivendo quella che egli ha definito una neurocezione, cioè la capacità neuronale del nostro sistema nervoso di interagire con l'ambiente esterno in condizioni da permetterci l'omeostasi e la capacità di auto regolarci. Tutto ciò va sempre visto e interpretato come atto evolutivo della nostra storia di mammiferi che hanno raffinato la loro abilità di adattamento col mondo col passare del tempo. L'esperienza neurocettiva inoltre va ben oltre il già collaudato concetto dei cosiddetti "neuroni specchio" che, secondo la neuroscienza, si attivano nel momento in cui vediamo eseguire azioni a persone accanto a noi oppure anche in modalità virtuali. Esempi tangibili sono quelli di uno sbadiglio che ne attiva immediatamente altri su persone diverse, il condizionamento di alcune pubblicità televisive oppure dei film che vediamo in cui proviamo emozioni palpabili anche estreme seppure la parte razionale del nostro cervello sappia benissimo che non stiamo sperimentando realmente ciò che vediamo sullo schermo. Il fenomeno seppure molto utile e interessante dei neuroni specchio si limita ad azioni definite concrete, a movimenti precisi eseguiti nello spazio che possono ovviamente stimolare reazioni emotive a catena. Nel caso della Neurocezione abbiamo, secondo Porges, una raffinazione delle nostre interazioni neuronali con qualunque tipo di evento che stiamo sperimentando, che concerna forme reali di contatto con l'ambiente esterno, incluso qualsiasi forma di vita senziente.

UNA GERARCHIA BEN PRECISA DI CONTROLLO

Tutto questo passa attraverso i tre rami del nostro SNA che si comportano come nel caso dei tre cervelli trattati da Levine nel Somatic Eperiencing con una sorta di gerarchia ben precisa di controllo. Esattamente come nel cervello tripartito in tronco encefalico (il più antico, detto anche rettiliano perché di pertinenza dei rettili), il sistema limbico (presente in tutti i mammiferi e governatore delle emozioni) e la neocorteccia cerebrale (il più evoluto tra i tre e di esclusiva pertinenza degli esseri umani), dove è sempre la parte più evoluta a governare quella che viene prima. Per esempio la neocorteccia governa le reazioni del sistema limbico che a sua volta presiede alle risposte del tronco cerebrale. Anche nel caso dei tre rami del SNA è sempre la parte più evoluta a governare quella che viene prima e mai viceversa.

Per questo motivo è molto facile per il Sistema Nervoso Periferico attivare a caduta dal VV al NS e da quest'ultimo al DV, come abbiamo detto in precedenza. Perciò da una condizione sociale di piacevole intrattenimento e percezione di affetto o cura si può passare da un momento all'altro a percezione del pericolo e quindi di allerta e mobilizzazione, e da qui arrivare alla minaccia vera e propria che porta all'immobilizzazione e dissociazione anche grave. Pertanto possiamo dire che nella scala evolutiva del nostro SNA si può scendere senza alcuna difficoltà dal ramo più evoluto a quello più antico. Il problema sarà però il tragitto contrario cioè dal VD al VD passando dal SNS che richiederà maggior fatica e tempo. Questo spiega il motivo per cui persone in stati di profonda depressione, magari dovuti a shock o traumi di grave entità, possano richiedere molto tempo, nonostante le terapie adeguate, a riprendersi. Tutto passa dalla reazione neuronale del Sistema Nervoso Autonomo. Così, in certi casi di forte dissociazione, è necessario cercare di riattivare prima il paziente, cioè riportarlo dall'immobilismo di domino del ramo DV all'attivazione del NS in modo che egli possa transitare finalmente di nuovo nel regno governato dal ramo VV. L'interazione del Somatic Experiencing del Dott. Levine e la Teoria

Polivagale del Dott. Porges rappresentano un prezioso e consistente contributo al lavoro di elaborazione e trasformazione positiva del trauma, degli shock emotivi e pertanto anche delle ferite emozionali. Levine ha tratto ispirazione e aiuto dall'osservazione del comportamento di animali mammiferi in stati di predazione, mentre Porges ha avuto stimoli fondamentali della sua ricerca studiando le reazioni dei bambini prematuri in situazioni di emergenza. Come per gli antichi fondamenti dello Yoga e della filosofia Taoista e, nello specifico, in arti come il Tai Chi Chuan, gli animali e i bambini, anche in questo caso, sono a tutti gli effetti dei grandi Maestri a cui rifarsi. Credo fermamente che se la ricerca scientifica aprisse sempre più i suoi orizzonti ad un confronto serio con le tradizioni più antiche che si tramandano insegnamenti da millenni sulla vera natura della vita sulla terra e sull'umanità in generale, se vi fosse maggiore informazione e meno ignoranza voluta per altro da un certo tipo di potere, si potrebbe vivere tutti molto meglio di adesso.

9. PIETRE E CRISTALLI

"Troverai più nei boschi che nei libri.
Gli alberi e le pietre ti insegneranno
ciò che non si può imparare dai maestri"

- San Bernardo

Il valore di pietre e cristalli per l'armonia, la salute e lo sviluppo delle potenzialità umane, sorge dalla visione del cosmo inteso come una rete di elementi continuamente interconnessi, dove esistono specifiche corrispondenze tra macrocosmo (universo) e microcosmo (uomo) – una rete di influssi tra tutti gli elementi, dove le pietre hanno la funzione di tramiti e agiscono a seconda delle loro qualità e caratteristiche.

Presso tutti i popoli antichi, ad iniziare dalle civiltà orientali (India in particolare), gli elementi della natura e quindi anche le pietre, hanno rivestito un ruolo fondamentale in ogni processo di sanazione. Non solo le gemme preziose o i cristalli, trasparenti e luminosi veicoli della luce (intesa come forza positiva spirituale), ma anche le umili pietre opache che si raccolgono lungo il corso dei fiumi, tra la terra e le rocce, che vengono donate ai discepoli da un maestro di sapienza o da uno sciamano o trovate in luoghi particolarmente *carichi* di energia, come santuari naturali, montagne o cime venerate nei secoli. Questo è il caso, ad esempio, dell'uso delle pietre nella tradizione andina, pietre cui rivolgere il proprio affetto (le Khuyas) utilizzandole come alleate nel riequilibrare le energie di corpo, emozioni e pensiero, nelle diverse pratiche di *pulizia* energetica (ad es. la Limpia o pulizia dell'aura).

SIAMO FATTI DI UN VUOTO DI VIBRAZIONI

La scienza ha rivelato poi, nel tempo, che i minerali hanno una loro struttura molecolare, ordinata e regolare, diversa per ogni pietra o cristallo, con specifiche leggi di accrescimento, secondo modelli geometrici che conferiscono loro una particolare forma; la fisica subatomica scopre quindi che ogni elemento materiale, al di là dell'aspetto consistente che vediamo, è costituito da vibrazioni che avvengono in uno spazio sostanzialmente vuoto! Siamo fatti di vuoto, un vuoto di vibrazioni che danno origine alla materia: allora l'energia vibrazionale può essere utilizzata, è la base di un linguaggio comune tra tutto ciò che vive ed è in comunicazione continua. Pietre e cristalli hanno forza vibratoria, polarità elettrica e magnetica (per la loro regolarità oscillatoria e per le proprietà di conduzione, trovano applicazione nei moderni dispositivi tecnologici), e vengono utilizzati come amplificatori/ accumulatori delle energie cosmiche, in grado di facilitare la sintonizzazione con l'armonia del cosmo.

Sempre nel tempo le pietre sono state in relazione con la sacralità (santuari di pietra, rocce sacre; dolmen...menhir preistorici...fino alla materia di cui era fatto il Graal...) e quindi legate al mistero, alla forza *magica* come capacità di trasformazione, acquisizione di forza e potere, emblema della conoscenza e della sapienza, alleate nel ristabilire l'equilibrio della salute del corpo e dell'anima, quando la malattia è conseguenza di una disarmonia con la vita.

Da un punto di vista psicologico, la pietra è un elemento simbolico attivatore di forze già presenti in noi, sia per una maggiore conoscenza di sé, sia per ristabilire equilibri positivi, di salute. Portandola addosso o utilizzandola nel corso di meditazioni, interagisce con l'energia del portatore e si armonizza con lui. Fa emergere o richiama immagini archetipiche, (concezioni, simboli, che risuonano in tutti gli esseri umani similmente) sviluppando l' intuizione, la visione più ampia e creativa, e le qualità' del lato 'destro' con il suo specifico modo di vedere e pensare, che integra la visione più logico-razionale del *lato sinistro.*

Utilizzare le pietre può rivestire pertanto diversi significati, perseguendo finalità di vario genere, senza divenire

oggetto di superstizione o superficiale moda passeggera. La differenza sta nel modo in cui possiamo mettere in gioco le nostre energie, e attivare dei processi di consapevolezza, con l'aiuto di elementi della natura che in qualche modo fanno da 'specchio' a diversi aspetti di noi, e possiedono una loro forza effettiva, in quanto partecipano alla vita del mondo.

Una volta trovata la pietra o il cristallo che fa al caso nostro, sia essa stata scelta da quelle suggerite, oppure trovata in natura percependola come in risonanza con noi è importante agire come segue: lavate la pietra sotto l'acqua fredda e mettetela a bagno per almeno una notte in acqua abbondantemente salata. Quindi lasciatela ad asciugare all'aperto per un giorno e una notte intera al sole e alla luna e ponetela su di un quarzo bianco per qualche ora. Potete fumigare il cristallo bruciando salvia e incenso e quindi porlo sotto una piramide.

A questo punto potete dare inizio a una carica della pietra tenendola in mano e attraverso l'uso dell'intento darle valore chiedendo il suo aiuto nello specifico personale secondo la vostra necessità. Questo atto è e deve restare segreto tra voi e il cristallo. Portate la pietra con voi o tenetela a portata di mano. È buona regola sciacquarla una volta alla settimana sotto abbondante acqua fredda e almeno una volta all'anno ripetere l'operazione iniziale di purificazione e carica della stessa. Tutto dipende sempre molto dall'intento che date alla pietra che può essere utilizzata durante meditazioni e momenti di riflessione silenziosi. Anche in questo caso è sempre la risonanza che fa la differenza. Ovviamente a seconda dell'utilizzo che ne volete fare si possono usare anche più pietre.

Non sottovalutate mai il potere dei cristalli e delle pietre perché hanno un impatto più grande sulla nostra persona e sulla nostra vita di quanto normalmente si pensi.

EXIT

10. FIORI DI BACH

"La salute è la completa e armonica unione di anima, mente e corpo"

- Edward Bach

I Fiori di Bach sono essenze floreali che hanno dimostrato nel corso di un secolo di avere un'influenza molto positiva su squilibri emozionali anche derivanti da traumi e da shock di varia natura.

Edward Bach (1886-1936)

Il nome deriva dal geniale lavoro svolto dal dott. **Edward Bach** (1886 - 1936) che scoprì questo metodo terapeutico all'inizio del secolo scorso. Per più di 70 anni le essenze dei Fiori di Bach si sono dimostrate utili per i bambini così come per gli adulti per tutti i tipi di problemi emotivi: problemi di sonno, paura del fallimento, paura degli esami, deficit di attenzione, tristezza, sensi di colpa, problemi di concentrazione. Pertanto essi sono assolutamente adatti per aiutare gli effetti collaterali dettati dalle ferite emotive in questione.

Il loro straordinario funzionamento è dovuto all'interazione con la problematica specifica dei singoli fiori che, ancora una volta, per risonanza entrano in azione nella persona che ne fa uso. Come per tutte le interazioni più efficaci in natura, la diluizione, la memoria dell'acqua e le minime quantità di sostanza da usare fanno la differenza nei risultati. Questo è un principio assodato dalla fisica quantistica: più lo stimolo è lieve, sottile e delicato in un oggetto fisico, maggiore sarà il reale cambiamento. Questo assioma è decisamente fondamentale ai fini della comprensione del funzionamento di discipline terapeutiche molto diffuse al giorno d'oggi come l'Omeopatia, l'Agopuntura, lo Shiatsu, la Biodinamica Craniosacrale e tante altre.

Le essenze floreali del Dott. Bach sono naturali al cento per cento, non comportano problemi di sovradosaggio né possono causare effetti collaterali di alcun tipo. Per cui sono un metodo di aiuto sicuro e affidabile alla portata di tutti, dai bambini agli adulti di qualunque età. La loro efficacia è dimostrata dal notevole successo che hanno in tutto il mondo. Ciò conferma che essi sono utili e aiutano un'enorme quantità di persone. Buddha diceva "Serve solo ciò che è utile". I Fiori di Bach sono una concreta dimostrazione di questo assioma di saggezza.

Esistono 38 specie diverse di Fiori ognuno con un'azione specifica sulla psiche e sulla parte emotiva del soggetto che intende usufruirne. Si possono mescolare fino a 7 essenze in una sola boccetta, hanno una reazione di risonanza a vasto raggio sulla persona che le assume. Per cui, quando dobbiamo scegliere le essenze adatte al nostro caso, è decisamente fondamentale farsi consigliare da persone esperte che conoscono bene la materia.

Per la preparazione si consiglia di usare una boccetta da 30 ml, possibilmente di vetro scuro. Si utilizzano 2/3 di acqua minerale naturale e 1/3 di alcool a cui si aggiungono 4 gocce dei fiori scelti. Si assumono 4 gocce della preparazione da mettere sotto la lingua, per 4 volte al giorno fino a esaurimento, poi si valuta la situazione. Esiste anche un rimedio di emergenza composto da 5 fiori da usare in situazioni particolari anche estreme. Si chiama **Rescue Remedy** e come dice il nome è un composto da usare nel caso la persona stia molto male, abbia appena subito un trauma, per affrontare paure particolari (come ad esempio prendere l'aereo) o in casi estremi come in punto di morte. Questo rimedio comunque va utilizzato esclusivamente in casi di emergenza, per il resto è sempre bene prendere i fiori che ci sono stati consigliati per le nostre specifiche turbe emotive.

UN AUTO AIUTO PER SITUAZIONI DI STRESS EMOTIVO

Usare i Fiori di Bach assieme alle pietre e ai cristalli è una maniera semplice, naturale ed efficace di auto aiuto quando dobbiamo affrontare situazioni di stress emotivo dovuto a ferite subite nel corso della nostra vita. Sono piccole ma importanti risorse alla portata di tutti che attivano più facilmente la resilienza che può scaturire dalle difficoltà che ci troviamo ad affrontare. Il fatto poi che le essenze floreali di Bach siano molto efficaci sui bambini e anche sugli animali dimostrano la loro straordinaria forza e potenziale. Una notevole risorsa da tenere a mente e sempre pronta all'uso nel caso di necessità

Come già detto è bene sempre sottolineare l'importanza di scegliere persone esperte in materia per farsi consigliare bene i fiori adatti alla nostra situazione del momento, e ovviamente in seguito farsi seguire al fine di monitorare al meglio la situazione che si sta vivendo. Ricordiamoci sempre che tutto cambia e si trasforma, per questo ogni singola persona ogni giorno è sempre diversa e ha sempre l'assoluta necessità di utilizzare aiuti diversi in base alle proprie esperienze di vita. I Fiori di Bach hanno un effetto su un ampio spettro di problematiche emozionali, perciò devono essere consumati sempre a ragion veduta, nelle modalità corrette e consigliati dalle persone giuste che sapranno nel tempo cambiarne le prescrizioni in base ai cambianti avvenuti dopo la prescrizione della terapia.

11. L'ABBANDONO

"I sassi abbandonati nelle acque a volte
non han fiore di speranza così come non spero
nel tuo amore"

- Alda Merini

Quando veniamo al mondo, dopo un'incredibile e notevole fatica nell'incarnarci, poi nello strutturarci per i nove mesi di gravidanza della nostra mamma e infine nel passare dall'elemento acqua ad aria durante le delicate fasi del parto, probabilmente ci aspettiamo un'accoglienza intrisa di gioia e amore. Come ben sappiamo, molto spesso non è così. Per innumerevoli ragioni, può capitare che chi ci ha messo al mondo decide di non proseguire il viaggio con noi e ci abbandona al nostro destino in qualche modo. Così invece di crescere con i genitori molti si ritrovano ad avere accanto persone che spesso non fanno neppure parte della loro stessa famiglia. Da sempre esistono uomini e donne che nascono e vivono non avendo neppure mai conosciuto il padre o la madre. C'è chi viene messo in istituti religiosi, comunità, oppure, nella migliore delle ipotesi, viene adottato da persone amorevoli. Ci sono poi situazioni in cui l'abbandono si espleta ancora prima della nascita, dove la madre per vari motivi decide che non sarà in grado di crescere il proprio figlio una volta nato. Altre volte può accadere che un bambino nasca e cresca per alcuni anni con i propri genitori biologici e poi gli stessi si separino, oppure malauguratamente vengano a mancare. In tutti questi casi si ha a che fare con un trauma, una ferita da abbandono. L'imprinting subito da chi viene abbandonato prima o dopo la nascita, o durante la propria infanzia, si riverbera in modo diretto su tutta l'esistenza.

"NON VOGLIO CAMBIARE" VS "NON POSSO CAMBIARE"

L'informazione che egli o ella riceve fin dall'inizio del suo percorso di vita sarà quella dell'abbandono, per cui cercherà e si imbatterà sempre in situazioni in cui la ferita tornerà a riverberare. È molto importante comprendere questo aspetto altrimenti la tendenza sarà sempre quella di non capire il perché dell'esperienza che tenderà sistematicamente a ripetersi. La cosiddetta coazione a ripetere è un tema assai presente in tutta la nostra vita. Perciò sarebbe molto utile evitare di dire sempre "non voglio cambiare" e utilizzare invece "non posso cambiare". Questo perché se non si ritrovano le vere cause del nostro problema a monte e non si lavora per sciogliere il nodo pregresso, che può molto spesso avere radici decisamente lontane e genealogicamente profonde, non siamo in grado di poter cambiare concretamente.

Nel ristretto ambito dei riflessi psicologici che le ferite emozionali possono dare a chi le subisce, nascono le cosiddette maschere che la persona adotta per compensare quanto subito. Nel caso della ferita da abbandono la maschera psicologica che si viene a creare è quella della dipendenza. Il soggetto abbandonato e molto spesso rifiutato tenderà a cercare situazioni di dipendenza dagli altri e, nel caso la ferita sia stata causata dalla madre, anche da sostanze esterne come droga e alcool che vanno a supplire, in maniera a volte devastante, la mancanza di presenza e amore da parte dei genitori. La dipendenza inoltre si manifesterà esplicitamente attraverso un comportamento infantile che necessita di costante protezione con tendenza al vittimismo. Come se la persona in oggetto dovesse sempre cercare compatimento e sostegno da chi le sta accanto, tenderà all'indecisione e a chiedere consigli sul da farsi anche se in genere non li seguirà mai. La sua paura sarà di rimanere solo e cercherà in tutti i modi contatto e compagnia sia virtuale che reale, tenderà a piangere spesso e a cercare l'attenzione degli altri. La persona abbandonata a volte arriverà pure ad ammalarsi pur di richiamare l'attenzione o a minacciare il suicidio, cosa che per altro, nella stragrande maggioranza delle ipotesi non si verifica. I segnali di guarigione da una ferita da abbandono affiorano quando la persona inizia a stare bene anche da sola, cerca sempre meno il conforto dall'esterno e inizia ad avere in mente progetti di vita o lavoro creativi in cui mettere in gioco i propri talenti.

TANTE STORIE DI ABBANDONO

Più nel dettaglio, l'abbandono può avere aspetti e sfumature diverse da persona a persona, anche in funzione dell'archetipo maschile o femminile cui fa riferimento chi lo vive. Già comprendere, da parte del soggetto abbandonato, i motivi per cui si trovi in determinate situazioni è assolutamente fondamentale. Dopodiché sarà suo dovere, se vuole provare a interrompere la catena e a cambiare rotta, farsi aiutare da persone e risorse adeguate. Sono tanti i casi nella storia di personaggi famosi che da bambini hanno perso i genitori o sono stati abbandonati. Queste persone, spesso cresciute o adottate da altri genitori che hanno tratto forza dalla loro sofferenza iniziale, sono entrate a tutto tondo nell'inconscio collettivo e molto spesso hanno prodotto innovazioni straordinarie. Tra gli uomini che hanno cambiato le sorti del mondo c'è certamente **Steve Jobs** ideatore e fondatore della Apple, che ha alle spalle una storia di abbandono. Egli infatti fu adottato appena nato.

La madre naturale di Steve era una studentessa universitaria innamorata del suo professore di origini siriane. Dalla loro relazione nacque Steve ma, data la giovane età di entrambi e l'opposizione del padre di lei, i due non si sposarono. Erano gli anni 50, così la decisione di dare il piccolo in adozione. Ad accogliere amorevolmente il futuro genio di Cupertino furono Paul e Clara Jobs. Steve Jobs in seguito ha avuto contatti con la sorella biologica ma mai con i genitori che l'hanno abbandonato. Nessuno può dire che se Jobs fosse cresciuto con i suoi genitori biologici non sarebbe diventato il genio riconosciuto da tutti, ma è altrettanto vero che non si può dire neppure il contrario.

Non fu certo fortunata **Marilyn Monroe** che non ha mai conosciuto suo padre né è stata cresciuta dalla madre, affetta da problemi psichici. Passò così la sua vita tra orfanotrofi e famiglie adottive subendo addirittura abusi ma è diventata un vero mito che ancora oggi tutti amano. Oltre all'abbandono Marilyn subì anche la ferita del rifiuto quando, in uno dei suoi primi provini, venne scartata perché secondo i produttori non sapeva muoversi e appariva poco attraente per il pubblico.

Steve Jobs

Marylin Monroe

John Lennon

Un altro grande mito della musica mondiale, **John Lennon,** visse sulla sua pelle il tema dell'abbandono. Appena nato perse il padre che partì come emigrante per la Nuova Zelanda e la mamma lo lasciò in affidamento agli zii quando lui aveva solo 6 anni. Certamente la ferita subita dall'ex Beatles fu grande ma nello stesso tempo, grazie alla permissività degli zii che lo incoraggiarono fin da subito a seguire il proprio istinto creativo, gli consentì di diventare uno tra i maggiori innovatori della musica del novecento, oltre che straordinario attivista del movimento pacifista mondiale.

Ritratto di Leonardo da Vinci

Tra i tanti casi di persone importanti che hanno subito abbandoni non si può non citare **Nelson Mandela**, il grande condottiero della rivoluzione sud africana che sconfisse l'apartheid che da decenni imperava nel suo amato paese, presidente e premio Nobel per la pace. Madiba (come veniva chiamato nel suo clan di appartenenza) perse a soli 9 anni il padre e fu adottato dal capo dell'etnia Thembu che lo accolse, lo educò e gli permise di studiare; da questo egli ebbe un forte imprinting nel dedicare tutta la sua vita alla ricerca della pace e dell'uguaglianza in Sud Africa.

Tra i tanti riferimenti della storia, prima abbandonati e poi trasformati in fautori di incredibili risorse, vi è certamente chi viene considerato in assoluto il più grande genio mai esistito: **Leonardo da Vinci**.

Nato il 15 aprile 1452 ad Archiano di Vinci, un ridente paesino sulle colline adiacenti Empoli dove, tra gli altri, nascerà qualche decennio più tardi Jacopo Carrucci detto **Il Pontormo**, Leonardo è figlio di Ser Piero, rinomato notaro del loco. Fino a qui sembra tutto normale ma in realtà questo figlio predestinato nasce da un rapporto extra coniugale tra il padre e una contadina popolana di nome Caterina di cui tuttora si ignora se fosse del luogo o meno. La nomea di Ser Piero non può certo essere infangata della nascita di un figlio frutto di un tradimento, per cui meglio mettere a tacere la cosa.

Nei primi cinque anni Leonardo vive nella casa di campagna con la madre per poi trasferirsi nella residenza del padre, che ebbe quattro mogli ed ebbe figli da ognuna di esse. Il figlio illegittimo di Ser Piero ebbe quindi ben sette fratelli. Dall'età di cinque anni Leonardo non vide mai più la madre e all'età di dieci il padre lo trasferì a Firenze dove fu messo a bottega nel quartiere di Santa Croce dal grande artista rinascimentale **Andrea del Verrocchio**. Quanto successe in seguito è noto a tutti gli studiosi del genio di Vinci, ma quello che in genere non viene preso in considerazione è che Leonardo fu abbandonato dalla madre precocemente e in qualche modo anche dal padre quando era poco più di un bambino.

UNA FAMIGLIA "NORMALE" E L'ESSERE UN GENIO

Sorge spontanea una riflessione su quanto successo: se egli fosse cresciuto in una famiglia "normale", con accanto l'affetto della mamma e la costante presenza del padre, sarebbe diventato il più grande artista scienziato genio della storia umana?

È molto probabile che il padre, vista la situazione in cui si trovava con ben quattro matrimoni e così tanti figli, cercasse di sistemare il figlio in qualche modo. Piero, infatti, era molto amico del Verrocchio e gli chiese di prendere a bottega il giovanissimo figlio. Da lì in poi iniziò la straordinaria parabola di Leonardo da Vinci, ma il grande vuoto lasciato dalla madre appena conosciuta e l'abbandono da parte del padre hanno sicuramente influito sulle sue scelte obbligate. Le sue esperienze gli hanno permesso di trasformare una grande sofferenza in forza; certamente deve aver patito molto in quei primi anni di vita, ma in seguito è stato ripagato da una fama infinita che ancora oggi è fonte di notevole ammirazione.

Il fattore **resilienza** ha avuto nel suo caso un'importanza fondamentale, un abbandono ha creato i presupposti per far emergere doti straordinarie che nessuno avrebbe mai pensato egli avesse quando nacque da un casuale rapporto extra coniugale, nella condizione svantaggiata di figlio illegittimo. Leggendo la biografia di Leonardo che consiglio vivamente a tutti (in particolare a chi si riconosce nella ferita dell'abbandono), si evince che nella sua vita, fin dalla tenera età, gli sia mancata molto la madre. Quella madre che egli seppe rappresentare in maniera meravigliosa e irripetibile nella sua opera più famosa, nel quadro più conosciuto al mondo: **La Gioconda**.

Esistono, come tutti sanno, varie teorie su chi sia la donna ritratta dal Maestro e a cui fu data il nome di Gioconda. I racconti di **Giorgio Vasari** sulla vita dei grandi artisti fiorentini del Rinascimento sono fonte d'infinita virtù e conoscenza ma la sua versione legata al quadro più famoso del mondo, secondo la quale la modella fosse Lisa del Giocondo, è stata messa in notevole discussione da diverso tempo da **Carlo Pedretti**, considerato il massimo esperto mondiale sulla vita e sulle opere di Leonardo, direttore degli studi vinciniani dell'Hamer Museum di Los Angeles, scomparso nel gennaio 2018. Pare, infatti, che fu **Giuliano de Medici**, fratello di **Lorenzo il Magnifico** e assassinato il 26 aprile 1478 a Firenze nella cattedrale di Santa Maria del Fiore durante la congiura dei **Pazzi** a commissionare la Gioconda al genio di Vinci a cui chiese di ritrarre una madre ideale per il figlio Ippolito nato dal rapporto con la sua amante Pacifica Brandani morta durante il parto. La mamma di Ippolito prima di partorire aveva chiesto alla sua aiutante una cosa terribile, cioè che se lei fosse deceduta durante il parto (cosa che all'epoca succedeva spesso) il neonato doveva essere assolutamente soppresso per impedirgli di soffrire durante la sua vita. La balia di Pacifica non se la sentì proprio di esaudire il devastante desiderio della sua padrona e così, una volta nato il pargoletto, fu sua cura allevarlo per i primi tempi e quindi portarlo alla casa del padre dove si narra lo lasciò ben fasciato in una cesta precisamente davanti alla porta di casa facendo sapere alla servitù che quello era il figlio illegittimo di Giuliano de Medici.

DALL'ABBANDONO UNA FORZA STRAORDINARIA

Per aiutare il figlio rimasto orfano di madre, Giuliano, il padre, chiese a Leonardo di creare una sorta di "madre ideale" affinché, osservandola, il piccolo Ippolito potesse consolarsi della sua mancanza. Bisogna ricordarsi che all'epoca la comunicazione avveniva attraverso simboli e icone reali che passavano attraverso le arti pittoriche e scultoree. In quegli anni Leonardo da Vinci godeva già di grandissima fama. Questo fatto svela probabilmente la chiave di lettura e il mistero che avvolge tuttora la Gioconda. Infatti, se queste tesi fossero reali, si spiegherebbe il mito che Leonardo ci ha tramandato da secoli con un immagine in cui un po' tutti ci riconosciamo. Egli, nel dipingere la madre ideale per il figlio illegittimo di Giuliano de Medici ha in qualche modo rappresentato molto probabilmente anche la sua mamma e visto l'impatto avuto sull'inconscio collettivo, quella di tutti coloro che la ammirano. Questo spiegherebbe il motivo dell'incredibile successo di questo dipinto conosciuto in ogni angolo della terra. Viene così da chiedersi: se Leonardo fosse cresciuto con la madre come la maggioranza dei comuni mortali avrebbe mai potuto immaginare la madre ideale per tutto il mondo che ha ritratto nella Gioconda?

Naturalmente questo non lo possiamo sapere ma credo fermamente che un'attenta osservazione su certi aspetti legati alla bellezza e alla notorietà della Gioconda vada fatta. Anche perché la tesi della madre ritratta spiegherebbe il motivo per cui Leonardo si portò appresso il quadro per tutta la vita, fino ai suoi ultimi giorni quando morì ad Amboise in Francia il 2 maggio 1519. Egli portava con sé la madre che mai aveva avuto e che inconsciamente cercò per tutta la vita attraverso il suo genio universale. Un esempio tangibile nel quale una grave ferita emozionale, come l'abbandono, si trasforma in una straordinaria risorsa che diventa forza inarrestabile e che, unita all'innato talento, tramuta il disagio in un meraviglioso dono di cui l'umanità intera ancora gode dopo cinquecento anni.

Invito vivamente chiunque leggerà queste righe a prendersi un attimo di attenta riflessione in quanto stiamo parlando di colui che è riconosciuto come il più grande genio della storia, tra scienza, arte, anatomia e tanto altro. Le vicende personali di Leonardo legate al difficile inizio di vita, non voluto, concepito *"per caso"* in una relazione clandestina tra un ricco e potente signore locale e una popolana semplice di cui si conosce anche oggi poco o nulla, lo hanno spinto verso, quasi per forza, una sorta di ripiego attuato dal padre, una bottega d'arte. Da lì in poi è iniziato il percorso che lo rende ancora oggi famoso e conosciuto in tutti i continenti del globo. Naturalmente esistono al mondo tanti casi di abbandono simili, se non peggiori oppure migliori, rispetto a quello del genio di Vinci che non hanno avuto esiti così straordinari ma studiare la sua vita, comprenderne alcune importanti sfumature, può diventare una notevole fonte a cui dissetarsi e comprendere meglio la nostra reale situazione.

L'ABBANDONO – PIETRE E CRISTALLI E LORO INTERAZIONE COL CUORE

È bene comprendere che non esistono cristalli e pietre specifiche per ogni ferita emozionale ma sicuramente la combinazione di alcune di esse può risultare davvero utile in certe situazioni. Inoltre alcune pietre, come quelle relative **al cuore e al suo Chakra** (dal sanscrito *"ruota"*, fa parte dei 7 principali centri energetici disposti sull'asse centrale del nostro corpo. Quello del cuore si trova nell'area toracica e comprende anche il dorso, parte delle spalle e le scapole) sono adatte per qualunque tipo di ferita e si possono integrare con altre maggiormente specifiche. Il cuore di fatto è il centro assoluto delle emozioni e ha delle funzioni specifiche che vanno ben oltre quelle riconosciute dalla scienza ufficiale e dal credo comune che fa riferimento ad esso come il fulcro dell'amore romantico e passionale, cosa per altro vera e pienamente condivisibile; ma ogni giorno della nostra vita ci interfacciamo con eventi e situazioni in cui il cuore reagisce sistematicamente mettendo in moto delle sue caratteristiche ben precise.

Partiamo prima dal presupposto che in fisiologia si chiama **Venoso** il sangue che ritorna al cuore e **Arterioso** quello che dal cuore è spinto in periferia, indipendentemente dal suo contenuto di ossigeno e anidride carbonica. Inoltre il cuore è suddiviso in quattro camere, due superiori e due inferiori, due atri e due ventricoli, ognuno dei quali risuona anche per le sue specifiche funzioni con temi fondamentali della nostra vita. Gli atri sono le cavità superiori che accolgono il sangue venoso dalla periferia e dai polmoni per poi farlo transitare nei due ventricoli sottostanti che, dopo averlo purificato e in qualche modo rigenerato, lo faranno defluire con forza sotto forma, nuovamente, arteriosa per spingerlo verso tutte le aree del corpo. Un lavoro instancabile e straordinario che inizia dal momento in cui il cuore si forma a livello embrionale durante la quarta settimana dal concepimento e termina nel momento della nostra morte quando esso cessa di pulsare. Possiamo quindi affermare che il cuore è, in assoluto, l'organo più importante del nostro organismo vivente; molto semplicemente, quando si ferma abbiamo finito di vivere. Per questo motivo nell'antica **Medicina Tradizionale Cinese** il cuore veniva associato alla fondamentale figura dell'Imperatore, colui che ha stretta connessione col Divino e governa tutto il territorio, cioè il nostro organismo in questo caso, e sa come essere presente e nel medesimo tempo distaccato. Infatti il cuore, proprio come l'Imperatore, è molto protetto e delega molte funzioni ai suoi subalterni che, nello specifico, per la MTC sono il Ministro del cuore (detto anche governatore del cuore e avente un suo preciso riferimento fisico nel pericardio), il Triplice Focolare (una funzione associata ad un ufficiale addetto alle irrigazioni che aiuta il metabolismo e lo scorrimento dei fluidi incluso il sangue) e l'Intestino Tenue (viscere che separa il puro dall'impuro per rendere il sangue sempre di buona qualità in modo da prevenire problemi al cuore, detto anche *"l'assaggiatore"*).

LA NOSTRA REALE CONNESSIONE TRA NOI E IL DIVINO

Tutte queste varie protezioni e aiuti permettono all'Imperatore, il cuore, di mantenere e contenere il più possibile l'energia spirituale donatagli nel preciso momento del concepimento. Tale energia, chiamata in MTC "**Shen**", rappresenta la nostra reale connessione tra noi e il Divino, una sorta di relazione o scintilla spirituale che ha a che vedere con tutte le nostre emozioni ed è strettamente collegata al nostro sistema nervoso autonomo e alle sue reazioni con l'ambiente esterno. Si dice che lo Shen debba dimorare pacificamente nel nostro cuore e che ciò avviene quando siamo rilassati e in quiete, in fisiologia questo fenomeno viene chiamato omeostasi. Il cuore è anche la nostra sede di **Compassione e Saggezza**. Per compassione intendiamo il vero significato della parola cioè "cum patire" che vuol dire letteralmente "sentire assieme", quindi empatia amorevole. Mentre per saggezza si intende la capacità del cuore di discernere ciò che è giusto o sbagliato per noi, oppure cosa è veramente meglio fare o non fare. Quando sperimentiamo compassione amorevole e saggezza per qualsiasi essere senziente lo Shen dimora pacificamente nel nostro cuore. Nel momento in cui viviamo momenti di stress emotivo attraverso paure, minacce e in generale stati di ansia, lo Shen tende a disperdersi mentre il cuore batte forte e normalmente perdiamo la nostra capacità di essere calmi e in quiete consumando grandi quantità di energia nervosa. Va detto che ciò può anche manifestarsi nel momento in cui ci innamoriamo follemente di qualcuno, anche in questo caso lo Shen fa fatica a dimorare nella quiete nel nostro cuore, ed entriamo in stati molto spesso confusionali che se da un lato ci donano enormi volumi di piacere dall'altra tradiscono infatuazioni che ci inducono a fare cose che normalmente non faremmo mai. Con ciò ogni esperienza vissuta è utile a farci crescere e a evolverci, passando tra gioie e dolori, luci e ombre come del resto qualsiasi fenomeno della vita.

Abbiamo visto come per il cuore sia necessario stare, per quanto possibile, nella quiete, che è in assoluto il regno in cui dimora, si nutre e si rigenera. Ecco perché è molto importante l'utilizzo della meditazione che aiuta il cuore a centrarsi e a placare tensioni di vario genere (contenere lo Shen), oltre che allinearsi con gli aspetti fondamentali della nostra vita che hanno a che vedere con lo scambio amorevole e l'interazione con i principali centri energetici del corpo umano. Considerando che disponiamo nel cuore di due atri superiori e due ventricoli inferiori, quindi quattro camere ben definite con funzioni specifiche fondamentali, possiamo vedere le loro singole associazioni con la nostra vita di relazione. E così abbiamo un cuore pieno, aperto, chiaro e forte, legati indissolubilmente a una della quattro camere su cui possiamo praticare una meditazione.

CUORE PIENO, CUORE VUOTO

Il **Cuore Pieno,** legato all'atrio sinistro: riceve il sangue che è transitato attraverso i polmoni, cedendo ed eliminando l'anidride carbonica e arricchendosi in ossigeno. Riceve un sangue *"energeticamente"* corretto ed è come se fosse pronto per condividerlo con gli altri organi. Perciò risuona con la capacità di donare senza ritegno, di aiutare il prossimo, è il cuore del bambino che canta appena sveglio felice di essere al mondo. Cuore pieno significa donare una sessione di lavoro psico-corporeo con l'animo di chi ha qualcosa da dare, esso risuona con la nostra generosità. L'aspetto negativo è il cuore vuoto, sentirsi senza stimoli e svuotati. Riflettiamo senza giudizio su chi ci ispira maggiormente nella nostra vita e riempie il nostro cuore pronto a dare, e chi al contrario invece lo svuota.

Il **Cuore Aperto,** associato all'atrio destro: riceve il sangue proveniente dalla periferia, ricco in anidride carbonica (da eliminare) e povero in ossigeno, perciò aperto verso la periferia, pronto ad accogliere ciò che da lì viene, ha a che fare con la capacità di aprirsi all'ascolto, essere disponibili a interagire con chi abbiamo davanti, con fiducia. È il cuore del bambino che risuona in piena sintonia con il genitore di cui ha piena stima, sente che si può appoggiare a lei o a lui senza timore. Cuore aperto vuol dire aprirsi all'ascolto di chi viene a chiedere il nostro aiuto e saper prestare assoluta attenzione a ciò che ci dice. Il contrario è il cuore chiuso, che ha a che vedere con il rifiuto, quello del bambino autistico che nega di aprirsi al mondo. Pensiamo a chi nella nostra esperienza di vita ci fa aprire il cuore senza nessuna fatica o se invece c'è qualcuno, o una certa situazione, che lo fa chiudere.

Il **Cuore Chiaro**, si trova nel ventricolo destro: riceve il sangue dall'atrio destro, per pomparlo verso i polmoni pertanto è come se riconoscesse che il sangue non è in una condizione "energeticamente" corretta (poco ossigeno = poca energia), quindi provvede alla correzione inviandolo ad ossigenarsi. Si può tranquillamente definire il cuore diagnostico che tutti noi utilizziamo quando cerchiamo di capire chi abbiamo davanti nelle situazioni più disparate. Il cuore chiaro è quello del bambino che quando incontra un individuo per la prima volta dice "non mi piace questa persona". È la parte del cuore molto importante per un terapista corporeo che si mette in sintonia con il ricevente e apre la capacità percettiva affinché gli arrivino indicazioni chiare sulle sue reali necessità. Avere un cuore chiaro significa vedere nitidamente davanti a sé la propria strada, la giusta via. All'opposto, il cuore può essere oscurato e allora si fa molta fatica a percepire realmente le cose e a seguire i propri sogni.

Il **Cuore Forte** infine è quello connesso al Ventricolo sinistro: riceve il sangue dall'atrio sinistro e lo spinge in periferia per far arrivare il sangue fin nei punti più lontani dell'albero circolatorio, quelli che di volta in volta ne hanno più bisogno (muscoli durante la corsa, intestino durante la digestione, ecc.). Per svolgere queste importanti funzioni deve essere sicuramente più potente di tutti perché risuona con il coraggio e l'azione nel mondo e nella vita. È il cuore impavido di chi ha un sogno, un ideale ed è pronto a morire per essi. È il cuore del Mahatma Gandhi che disse agli inglesi "Voi dovete lasciare il mio paese!", o quello di Martin Luther King "Io ho un sogno oggi!". È il cuore coraggioso di tutte le donne che hanno saputo alzarsi in piedi e combattere per la loro libertà e per quella dei loro popoli, come Giovanna D'Arco, Artemisia Gentileschi e tante altre. Nella vita di tutti i giorni utilizziamo il cuore forte nel momento in cui decidiamo di lasciare un posto "sicuro" di lavoro per intraprendere quella che crediamo sia davvero la nostra strada. Utilizziamo anche in questo caso la figura, l'archetipo e il mito di certe figure per trarne ispirazione se ne abbiamo davvero necessità.

Per tutte le ferite emozionali è assolutamente importante dare nutrimento al cuore in tutte le sue quattro camere e farlo navigare il più possibile in un oceano di quiete. Per questo sono consigliate pietre **rosa** e **verdi** che sono i colori che donano beneficio al cuore. Questi colori equilibrano le emozioni, liberano da traumi e da stati d'animo repressi; il verde aiuta a farle emergere e comprendere, il rosa attenua il dolore, dà dolcezza, cura con la tenerezza, aiuta ad accettare e lasciar andare.

Per quanto concerne **l'abbandono,** in cui si necessita di autostima, sicurezza in sé, stabilità, di risorse per superare la tristezza e acquisire capacità di lasciar andare e di perdono, ecco le pietre suggerite.

EXIT

QUARZO ROSA

Appartenente alla stessa famiglia dei quarzi, come il Citrino o di Rocca, il quarzo rosa ha però un colore unico e inconfondibile che, assieme alle sue proprietà chimiche, ne fa una pietra duttile da millenni nell'aiutare condizioni emotive alterate, che hanno a che vedere con il cuore. In Italia si trova nella provincia di Vercelli e in Valsesia, mentre è estratto in grandi quantità in Scozia, Irlanda, Germania e nelle due Americhe.

Usato fin dall'antichità, questo bellissimo cristallo lo troviamo nei rituali ebraici e nell'utilizzo come cicatrizzante che gli antichi Romani ne facevano esponendolo al sole. È stato associato alla fertilità e, vista la sua stretta connessione con il cuore, a Venere pianeta dell'amore e della bellezza. Alcuni, infatti, lo definiscono "il cristallo dell'amore". Data la sua stretta connessione con il quarto Chakra, quello del cuore, il Quarzo rosa aiuta a sviluppare l'amore per Sé, stimolando autorealizzazione e pace interiore. Lenisce e guarisce le ferite del cuore di chi è incapace ad amare non avendo ricevuto amore. Insegna che l'amore scaturisce dentro di sé – il sé che impara a nutrire se stesso, dona conforto, porta all'auto apprezzamento, alla stima.

Il quarzo rosa può essere usato, anche con varie pietre attorno, a croce, assieme a **kunzite** e **Tormalina rosa,** in collane e gioielli da tenere nella zona del cuore. Bene insieme all'**avventurina verde** che si dice benefica nell'aiutare a curare ogni malattia. Serve per addolcire le afflizioni, migliora il benessere fisico stimolando l'allegria e alleggerisce lo stress in generale.

KUNZITE

Si tratta di un cristallo scoperto nei primi del novecento in California da George F. Kunz, esperto in minerali dell'epoca. Di colore rosa o rosa violaceo anch'esso ovviamente interagisce fortemente col chakra del cuore, con una qualità particolare: quella di favorire lo scioglimento dei nodi emozionali onde rendere l'energia che ne deriva fruibile per il prossimo. La Kunzite, oltre all'importante connessione con il quarto chakra, risuona pure con il quinto centro energetico, quello della gola che ha a che fare con la comunicazione e l'espressione. Aiuta a esternare oralmente il disagio emozionale dettato da ferite subite durante l'infanzia. Un'educazione troppo rigida e violenta inibisce fortemente lo scambio, soprattutto con persone del sesso opposto. Il bambino o la bambina in questo caso entrano nel meccanismo reattivo legato alla paura di esprimersi per non essere aggrediti, imparano questo schema e naturalmente lo ripropongono in età adulta. Normalmente le persone che hanno subito questo tipo di ferita tendono, nonostante tutto, a cercare sempre e in ogni modo un contatto con il proprio genitore carnefice. In un certo senso lo faranno per tutta la vita, ma se iniziano a lavorare su loro stessi e ne prendono coscienza, avranno maggiori possibilità di trasformare il disagio in un'importante risorsa. Ho visto spesso queste persone diventare bravi terapisti psico-corporei con ottima predisposizione ad aiutare gli altri.

La Kunzite quindi stimola il potere dell'amore che simboleggia il cuore *maturo*, aperto, limpido, fiducioso, vigoroso, vibrante e radiante che porta verso l' equilibrio raggiunto. In tal modo si possono manifestare il rilascio e la liberazione dalle paure per sapersi offrire al prossimo. È anche molto utile per l'adattamento alle fasi di crescita, di cambiamento, inclusa l'importante esperienza dei neonati.

TORMALINA VERDE O ROSA

Tra tutti i cristalli la Tormalina è quella che si presenta con più varietà di colore. Essa trae il nome dal termine cingalese "turmail" che vuol dire, appunto, "mescolanza di colori". Le sue proprietà protettrici sono riconosciute da tempo immemore. Naturalmente la risonanza con il corpo umano della Tormalina varia a seconda del colore. Sia quella verde che rosa hanno un'azione benefica sul cuore e sul relativo chakra, colori che risuonano con questo importante centro. Nello specifico il verde ha un'azione armonizzante e rilassante su tutto il sistema nervoso autonomo ed è stato appurato che agisce direttamente sul corpo calloso del cervello, che è l'unica parte del nostro encefalo che differenzia l'uomo dalla donna, l'elemento cerebrale che fa passare informazioni tra un emisfero e l'altro. Per la cronaca, la donna ha più fibre di corpo calloso rispetto a quelle dell'uomo e questa è la ragione per cui riesce molto più facilmente dell'uomo a fare anche tre o quattro attività contemporaneamente. Ecco che quindi una pietra di color verde, come la Tormalina, può essere di grande aiuto nell'armonizzare le reazioni nervose del nostro cervello tra la parte più creativa (emisfero destro) con quella più razionale (emisfero sinistro). Il colore rosa, come abbiamo già detto parlando del quarzo, ha un effetto molto benefico sul cuore e sul centro energetico connesso.

Queste due varietà di Tormalina hanno grande energia che si muove veloce, aiutano a concretizzare azione che diventa forza per far sprigionare il potere dell'amore. Se la tormalina è molto scura o nera, fissa gli effetti positivi nel piano personale e risulta molto utile per proteggersi da energie pesanti che le persone vicine a noi ci possono buttare addosso. Consiglio vivamente a chiunque lavori sul corpo mediante massaggi e discipline di contatto di qualunque genere, di procurarsi un cilindro di tormalina nera e, dopo averlo adeguatamente purificato, di tenerlo sempre addosso durante le terapie.

In generale le Tormaline di qualunque colore sono da tenere addosso, come gioiello o in tasca.

L'ABBANDONO E I FIORI DI BACH

Tenendo conto che le sfumature dell'abbandono sono molteplici , che bisogna sempre considerare la persona come singolo caso per cui è sempre bene farsi consigliare da esperti, ecco di seguito un caso studio che può permetterci di conoscere più da vicino alcuni fiori utili per aiutare a guarire la ferita dell' abbandono.

I casi riportati in questa pagina e nelle pagine successive traggono ispirazione da consulenze individuali, di vita autentica, fatte da Darshana Ilaria Caglieri, operatrice olistica e consulente Fiori di Bach e con un'esperienza decennale nel lavoro con le essenze floreali e più in generale in campo olistico. Qui per motivi di rispetto della privacy abbiamo volutamente modificato alcuni degli scenari e utilizzato nomi fittizi, ma i casi restano comunque sempre molto vicini alle situazioni di vita realmente accadute:

> Quando Natalie (48 anni), commerciante, arriva da me per un consulto il suo stato d'animo è veramente tanto affranto. Da pochi giorni il suo compagno Luca (47 anni) é venuto a mancare all' improvviso lasciandola in uno stato di sgomento e di shock. Natalie e Luca si conoscevano da quasi 30 anni e stavano insieme come compagni di vita da circa 15 anni, erano una coppia molto affiatata, che condivideva tutto, anche il lavoro.

Parlando Natalie mi dice che non riesce a capacitarsi di quello che le è accaduto in così breve tempo. Al tempo stesso si sente molto sola, attanagliata dall' angoscia e si sente "come persa in un tunnel", come se non vedesse via d'uscita...
Ecco i fiori che le ho prescritto:

- **STAR OF BETHLEHEM:** per attenuare lo shock ed il trauma della perdita improvvisa.
- **SWEET CHESTNUT**: per il suo sentirsi sola ed angosciata al limite della disperazione e per la sua sensazione di trovarsi in un vicolo cieco.
- **WALNUT**: per aiutarla ad accettare il grande cambiamento avvenuto nella sua vita.

Al termine della boccetta, 4 settimane dopo, Natalie è tornata da me per un secondo consulto. Mi ha detto che il senso di disperazione ed angoscia dei primi giorni se ne é andato ma che in alcuni momenti della giornata è spesso ancora tanto triste, si sente molto stanca e frustrata perchè non riesce a concentrarsi sulle cose che deve fare. Scavando un po' in profondita' è emerso che al momento si sente molto sfortunata e quasi un po' arrabbiata con la vita per quello che le è successo.
Per la nuova boccetta ho deciso di togliere **Sweet Chestnut** ed aggiungere agli altri, già prescritti, i seguenti fiori:

- **IMPATIENS**: Per la sua frustrazione e la sua fretta di essere di nuovo efficiente nella vita e non dare spazio dovuto ai tempi necessari per la guarigione.
- **WILLOW:** Per il suo atteggiamento amareggiato, e per la rabbia che prova nei confronti del proprio destino.
- Natalie ha continuato la terapia con i Fiori di Bach per altri 4 mesi.

Pochi giorni fa è passata a trovarmi, l'ho trovata rasserenata e più centrata. Mi ha detto che ha ripreso a lavorare con gioia, che si sente molto fortunata di aver avuto nella sua vita un compagno come Luca. Che in qualche modo lo sente ancora molto vicino, quasi come se in maniera invisibile la stesse proteggendo. È contenta perché da un mese circa si è iscritta ad un cerchio di meditazione e guarigione, dove ha incontrato persone nuove e sensibili....

Completiamo questo paragrafo sui dei Fiori di Bach e la ferita dell' abbandono con ancora qualche fiore utile in questo senso:

- Sentirsi bloccati senza riuscire a sfogare ciò che si ha dentro: **AGRIMONY.**
- Sentirsi insicuri perchè è venuto a mancare un riferimento: **CERATO**
- Scoraggiamento: **GENTIAN.**
- Rabbia e/o gelosia dell'altro: **HOLLY.**
- Nostalgia per la persona che se ne è andata: **HONEYSUCKLE.**
- Abbassamento dell' autostima: **LARCH.**
- Autocritica o senso di colpa per ciò che è accaduto: **PINE.**
- Ansia, vivere l'abbandono come un trauma (possono esserci attacchi di panico): **ROCK ROSE**; se con questo abbandono si vive anche una stessa situazione già vissuta in passato che era stata traumatizzante: **STAR OF BETHLEHEM.**
- Si è preoccupati e si hanno pensieri continui e ripetitivi, rimuginare: **WHITE CHESTNUT.**
- Rancore verso l'altro: **WILLOW.**

12. IL RIFIUTO

"Tutte le grandi innovazioni
sono costruite su dei rifiuti ricevuti"

- Louis-Ferdinand Celine

Capita a tutti nella vita di subire un rifiuto e, come per l'abbandono, è un tema assai ricorrente con cui avere a che fare e molto spesso le due ferite si presentano insieme. Il rifiuto ha a che vedere fin da bambini con la disillusione rispetto a determinate aspettative che ci siamo costruiti anche in funzione dell'educazione che ci hanno dato. Sempre che ci sia capitato di avere genitori che ci abbiano voluto e desiderato con amore. Purtroppo non è sempre così, basti pensare a quanti di noi sono nati "per caso", non voluti, oppure desiderati, si, ma con aspettative sul nostro sesso di appartenenza. Questa è una situazione assai più diffusa di quanto ci sembri. Genitori che aspettano a gloria un maschio e nasce una femmina, oppure, anche se meno diffuso, il contrario cioè nasce un maschio mentre ci si aspettava una femmina. Basti pensare a quante donne portano nomi mascolinizzati o viceversa a quanti uomini viene dato un nome femminilizzato. Spesso certi nomi hanno un chiaro riflesso nella tradizione che vuole dato il nome dei nonni ai nipoti, il più delle volte con effetti boomerang a valanga sulla vita di quest'ultimi. Anche questi aspetti determinano un rifiuto inconscio con cui spesso non è semplice interagire, a meno che l'interessato non decida di prendere in mano la propria esistenza e effettuare dei cambiamenti consistenti. Si può dire, comunque, che esistono tanti modi di subire dei rifiuti, a iniziare dalle prime delusioni di amicizia da bambini e d'amore adolescenziale. Queste piccole grandi ferite legate al rifiuto che incrociamo fin da piccoli sono però utili perché ci offrono la possibilità di toccare con mano l'esistenza della delusione. Ciò ci riporta sempre alla sofferenza, ed è molto importante toccarla da vicino affinché ci renda col passare del tempo più forti e resistenti.

La maschera psicologica che adotterà la persona che ha subito la ferita del rifiuto è quella del fuggitivo. In genere l'individuo in oggetto sentirà addosso il peso della sua presunta nullità, spesso è il figlio *"non visto"* dai genitori, non sostenuto e spronato a valorizzarsi. La sua mancanza di autostima lo porterà ad avere un atteggiamento debole e timoroso nei confronti della vita non sentendosi mai all'altezza. Ciò tenderà a farlo scappare per stare lontano sempre più da responsabilità che non sa prendersi perché gli sono mancate risorse di accoglienza e sostegno fin da bambino. Il soggetto vedrà la sua vita come un probabile fallimento per cui è meglio per lui fuggire e ritirarsi dal mondo. Per queste persone è molto importante, con l'aiuto di qualcuno, imparare ad amarsi e coltivare i propri talenti. I primi segnali di guarigione dalla ferita del rifiuto si manifestano nel momento in cui la persona inizia a trovare finalmente il suo posto nel mondo e vede la possibilità di realizzarsi.

Nella storia di grandi personaggi sono moltissimi i casi di rifiuto e fallimento. Basti pensare a **Giuseppe Verdi** scartato alle selezioni per entrare al conservatorio perché ritenuto inadatto alla musica.

Fred Astaire fu rifiutato al suo primo provino con la seguente motivazione "Non sa recitare, è calvo e balla a mala pena.".

I **Beatles** alla prima audizione vennero eliminati da un funzionario della casa discografica Decca che riferì alla giuria "Non mi piace la loro musica. Non hanno alcun futuro nello show business". Il più grande cestista della storia **Michael Jordan** fu rifiutato dalla squadra del liceo, anche lui "non adatto".

Thomas Edison fu definito da un suo insegnante "troppo stupido per imparare qualcosa", infatti la madre pensò bene di ritirarlo dalla scuola e affidarlo a un maestro privato. Si narra che la mamma di Edison celò la verità al figlio nel momento in cui gli fu notificata la terribile frase dal docente e riferì a Thomas che la nota della scuola riportava che "era troppo intelligente per studiare con tutti gli altri". Cosi ebbe più tempo da dedicare ai suoi studi sull'elettricità e arrivò a inventare la prima lampada ad incandescenza. Soltanto dopo la morte della madre Edison trovò la nota del suo insegnante che lo sospendeva dalla scuola perché, appunto, "troppo stupido per imparare qualcosa".

Un altro caso eclatante riguarda **Charlie Chaplin**, un'autentica icona del novecento, innovatore e inventore del mitico Charlot, che alla sua prima audizione fu scartato dai produttori perché "troppo particolare e difficile da capire".

Abrham Lincoln, considerato il padre della costituzione americana, nonché **Presidente degli Stati Uniti d'America**, rappresenta l'icona dello spirito americano e della democrazia e il suo volto è raffigurato sulle diffusissime banconote da 5 dollari americani. Non tutti però sanno che la **serie di fallimenti ottenuta prima di diventare**

un personaggio di successo è molto lunga: dovendo provvedere alla sua famiglia sfrattata di casa cominciò a lavorare giovane, ma quando decise di mettersi in affari sul serio fallì (1831). In seguito decise di candidarsi ma perse le elezioni (1832). Nello stesso anno perse anche il lavoro. Decise di perseverare rimettendosi in affari e per aprire la sua attività chiese un prestito: nel 1833 fallì ancora e fino al 1850 dovette lavorare soprattutto per pagare i debiti contratti. Nel 1835 si fidanzò, ma la sua compagna morì. Decise quindi di concentrarsi sulla carriera politica, infilando una serie "memorabile" di sconfitte elettorali: 1840, 1843, 1848, 1849, 1854, 1856 (dove prese pochissimi voti), 1858. Dopo questo elenco di sconfitte su tutti i fronti (elezioni locali, primarie del partito, elezioni regionali) finalmente nel 1860 vinse... come Presidente degli USA! Un esempio singnificativo di come una serie incredibile di fallimenti possa offrire possibilità insperate di cambiamento e realizzazione.

E che dire del grandissimo **Albert Einstein** considerato il più celebre e rinomato genio della scienza moderna? Iniziò a parlare soltanto a 4 anni e all'età di 7 la sua maestra lo definì "lento e mentalmente handicappato ". Inventore della teoria sulla relatività, agli inizi della sua carriera si rese famoso per una serie infinita di fallimenti prima che il suo genio venisse riconosciuto e il suo nome entrasse a tutti gli effetti nella storia.

Tra i molti personaggi che hanno subito uno o più rifiuti agli inizi della loro carriere, e che ho scelto come mito da studiare e a cui rifarsi nel caso di una nostra ferita ancora aperta su questo tema, **Walt Disney** è senza alcun dubbio un esempio eclatante.

Ideatore e creatore di Topolino, Paperino, Pippo e tutti i vari cartoni disegnati e animati più famosi del mondo, Walt Elias Disney nasce il 5 dicembre del 1901 a Chicago da una

Un ritratto di Walt Disney

modesta famiglia che ben presto si trasferirà nel Missouri per gestire una fattoria. Il futuro papà di Topolino trascorre un'infanzia dura e difficile fatta di lavoro nei campi e fatiche di vario genere nel corso della quale cambierà diversi lavori. Dopo che la famiglia lasciò la fattoria per l'ennesimo trasferimento a Kansas City, Disney si dedica allo studio di grafica pubblicitaria trovando in seguito lavoro in un giornale dal quale venne poi licenziato con la seguente motivazione: "Mancanza di immaginazione e senza buone idee". Successivamente fece ancora molta fatica a trovare la sua dimensione lavorativa venendo ulteriormente scartato con motivazioni simili alla precedente.

Il suo sogno e il suo intento di far arrivare un messaggio creativo che avrebbe negli anni toccato il cuore dei bambini di tutto il mondo, però, erano troppo forti per essere messi da parte. Dopo che il suo primo personaggio inventato con gran fantasia, Oswald il coniglio fortunato, non solo non ebbe successo ma gli fu addirittura rubato da altri per poterlo riproporre senza riconoscere nulla al suo vero inventore, Walt in un momento di grande disagio e tristezza si fece ispirare da un topolino domestico che lo andava a trovare tutti i giorni nel suo ufficio. Così decise di creare il personaggio che all'inizio chiamò **Mortimer Mouse**. La moglie gli fece notare che era un nome troppo macabro per toccare la fantasia dei bambini e così nacque **Mickey Mouse** cioè **Topolino**.

Assieme all'unico amico e collaboratore **Ub Iwerks** si dedicò anima e corpo al progetto lavorando duramente giorno e notte in un garage dove finalmente riuscirono a creare **L'aereo impazzito**, il primo film di animazione dove comparvero per la prima volta Topolino e **Minnie**, creazione proiettata in forma privata il 15 maggio del 1928. Stava nascendo Topolino, punta di diamante di tutta la produzione successiva della Disney, rivale storico del personaggio animato più famoso dell'epoca cioè il **Gatto Felix**. L'accoglienza iniziale fu decisamente tiepida e senza troppo clamore. Vista la totale reticenza dei produttori a promuovere il suo nuovo personaggio, che nel frattempo si era evoluto con l'invenzione di **Pietro Gambadilegno** acerrimo nemico di Topolino, Disney fu costretto suo malgrado a rischiare il tutto per tutto e a cercare altre forme innovative. Con l'avvento del cinema sonoro Walt si fece ispirare da una comica di **Buster Keaton** e creò un'opera animata dando direttamente la sua voce a Topolino, infondendone gran parte del suo carattere e della sua energia. Vista il totale disinteresse dei produttori a sostenere la proiezione del film, Disney decise di farla a sue intere spese al Colony Teather di New York. Fu un successo clamoroso sia di critica che di pubblico che concordavano sul fatto che egli avesse creato qualcosa di nuovo e unico nel suo genere.

Visto il grande successo Disney decise di dare il sonoro anche ai suoi precedenti due film di animazione e in seguito vennero creati i famosi personaggi animati che tutti conosciamo: **Paperino, Paperone, Pippo, Pluto, Archimede ecc.** Da quel momento iniziò una folgorante carriera che lo porterà negli anni a ricevere vari Oscar e riconoscimenti a livello mondiale. Il mito della Disney ha toccato generazioni di persone, bambini e adulti e tutt'ora continua a farlo. Bisogna ricordare, però, che tutto iniziò da uno o più rifiuti. L'esempio di Walt Disney risulta ancora più eclatante se teniamo conto, come ci ha raccontato direttamente lui, del fatto che tutto è iniziato quando era ormai senza più speranza e che si fece ispirare da un topolino domestico che lo andava a trovare nel suo ufficio ogni giorno. Sono davvero molti i messaggi positivi che si possono cogliere in questa storia. Mai abbattersi dopo aver subito un rifiuto ma se abbiamo sogni che sentiamo di dover portare avanti nella nostra vita col giusto intento, dobbiamo portarli avanti senza paura. Da una grande ferita come quella del rifiuto si creano crepe che lasciano passare una luce speciale cui ci possiamo ispirare. Dai piccoli particolari, come quello del topolino amico di Disney, possiamo cogliere idee che hanno un'enorme potenziale e che si possono trasformare in straordinarie risorse.

Consiglio vivamente a chiunque abbia subito uno o più rifiuti nella vita di leggere la biografia dei personaggi che ho citato e di altri che hanno saputo trasformare il loro fallimento, la loro ferita nella propria forza facendo diventare un problema emozionale in grandi possibilità realizzate.

IL RIFIUTO – PIETRE E CRISTALLI

Visto che la maschera psicologica della persona ferita attraverso il rifiuto è quella del fuggitivo, al fine di eludere le proprie responsabilità nei confronti della vita per carenza assoluta di autostima, nel ricorrere al potere di pietre e cristalli per aiutare tale situazione bisognerà utilizzare quelle che sostengono, oltre al cuore, il terzo Chakra: il plesso solare. Non a caso questo importante centro energetico del nostro corpo viene definito anche "Chakra del potere", cioè il luogo dove abbiamo il pieno potenziale di autostima nei nostri confronti. A livello fisico ed emozionale è qui che "digeriamo qualunque tipo di cibo" e veniamo nutriti o deprivati di quanto ci serve per vivere al meglio. Quando qualcuno ci fa dei complimenti sentiti, oppure ci fa capire a parole o gesti che ci vuole veramente bene, ci ama incondizionatamente, come dovrebbe essere nel caso dei nostri genitori, il plesso solare, che corrisponde direttamente al muscolo diaframmatico, si espande, si rilassa e nello stesso tempo si rafforza, attivando così importanti e vitali processi di autostima. Nel caso contrario invece, se fin da piccoli non veniamo presi nella giusta considerazione, ci sentiamo inadeguati e inutili e siamo toccati direttamente dalla ferita del rifiuto, il terzo Chakra tenderà a chiudersi, ad irrigidirsi, svilupperemo la concreta tendenza a voler scomparire di fronte agli altri attivando la fuga come risposta a tutto il processo subito.

Possiamo avere un'idea molto chiara delle reazioni che avvengono nel nostro corpo e in particolare nella zona del diaframma respiratorio quando qualcuno ci offende, soprattutto inaspettatamente e quando cerchiamo di mangiare mentre stiamo piangendo. Nel primo caso ci sentiremo trapassare l'area dello stomaco da precise sensazioni fisiche di dolore che tenderà a farci contrarre per poterci difendere, quindi avremo un forte desiderio di piangere e in quel preciso istante l'ultima cosa che tendiamo a fare è mangiare. È praticamente impossibile assumere cibo mentre si piange in quanto a livello nervoso si sono attivate le risposte di attacco o fuga del sistema Simpatico che governa, dalla sua posizione maggiormente esterna quindi più vicina al mondo circostante, tra tante cose, l'azione e la difesa.

Quindi lo stomaco si chiuderà impedendo immediatamente la secrezione di enzimi atti a favorire la digestione. Al contrario, nel momento in cui ci sentiamo profondamente rilassati, circondati da calma e quiete questo stato favorirà la risposta del nervo vago che governa, tra le tante altre parti del nostro corpo, proprio l'area del plesso solare.

Una delle tipiche reazioni vagali a seguito di un profondo stato di rilassamento è proprio quella di un consistente aumento della salivazione. È quanto succede nei momenti di piacevole compagnia a tavola con amici o con persone amate, in libertà e relax, quando il corpo si predispone adeguatamente all'assunzione di cibo e si percepisce veramente la cosiddetta acquolina in bocca.

Avere buon controllo e consapevolezza della propria forza generatrice, disporre di capacità pratica volta all'onorare il proprio operato e riconoscerlo indica un'ottima funzione del terzo Chakra. Per agire con questa modalità di interazione con il mondo serve aver ricevuto sostegno, cura e attenzione dai nostri genitori, i quali nella migliore delle ipotesi hanno saputo stimolare le nostre risorse e i nostri potenziali facendoci sentire adeguati nei confronti del mondo esterno. Purtroppo spesso ciò non avviene e il bambino si espone a difficoltà notevoli nel riconoscere la propria natura; crea delle difese onde evitare l'esposizione a eventuali sofferenze. Il corpo, come abbiamo già sottolineato più volte, dispone di una straordinaria capacità di reazione alle situazioni che si trova a vivere e attiva delle difese che vanno sempre viste come una risposta di amor proprio onde evitare danni peggiori. E così la persona rifiutata tende a deprimersi e chiudersi a riccio e ad attivare la fuga come reazione non appena si trova in situazioni in cui viene messo anche soltanto in minima discussione. Molto spesso questa persona prova la netta sensazione di sentirsi schiacciata dalle persone che vengono in contatto con lei e reagisce in modo brusco e fuori luogo, chiudendosi in se stessa. Nella mia esperienza ho notato che spesso questa tipologia di persone ha un'elevata intelligenza e notevole sensibilità a 360° ma fa molta fatica a radicarsi nella realtà della vita di tutti i giorni. Per questo possono essere di aiuto risorse che stimolino la forza, la determinazione e, in generale, la propensione ad agire nella realtà pratica della vita. Il tutto volto a stimolare il senso naturale di autostima, la quale deve accrescere sempre di più in questi individui che si sono esposti alla ferita del rifiuto.

Guardando a quelle che stimolano in modo positivo il terzo Chakra che, come abbiamo visto, ha a che vedere con la capacità della persona di ricevere stima e affetto incondizionato dall'esterno, si consiglia l'utilizzo delle seguenti pietre:

Rodocrosite

Conosciuta in Sud America come "rosa degli Incas" per il suo colore e perché l'antica civiltà Andina precolombiana l'aveva scoperta nelle stesse rocce da dove venivano estratti il rame e l'argento. In Italia si trova in alcune zone della Valtellina, sull'Isola di S. Pietro in Sardegna, sull'Isola d'Elba, in Val d'Aosta e in alcune aree del levante ligure. Appartiene al gruppo della Calcite e le sue innumerevoli proprietà benevole la fanno essere una delle pietre più indicate per promuovere l'amore per se stessi lenendo emozioni distorte e favorendo la guarigione. Possiamo davvero dire che la Rodocrosite è uno tra i cristalli più adatti a stimolare l'autostima. Essa facilita chi ne fa uso a comprendere gli schemi che danneggiano il proprio modello di vita, a osservarli con chiarezza in maniera delicata per poterli poi lasciar andare. In questo modo il dolore che, come nel caso del rifiuto, può essere molto esacerbato, si può lentamente sciogliere e trasformare in amore da donare al prossimo. Ovviamente questo è un processo articolato e complesso che necessita tempo e strumenti precisi di lavoro su se stessi, ma il contributo di questa pietra è sicuramente prezioso.

Nell'osservare il suo colore possiamo già avere interessanti informazioni a riguardo. Essa infatti si presenta color pesca (dato dal rosa + arancione) e agisce sia sul cuore, a cui è legato appunto il colore rosa, che sul plesso solare a cui è invece attribuito il colore arancione (associato al terzo Chakra, appunto). Lo stimolo di questa pietra si incentra sul cuore unito alla forza fisica che aiuterà a liberare il plesso solare dalle emozioni represse e irrisolte. In tal modo lascerà fluire l'energia tra le parti più fisiche e quelle più emotive e mentali. La Rodocrosite aiuta il fluire del diaframma nel respiro e ciò faciliterà un maggior rilassamento cerebrale stimolando così la quiete interiore, elemento fondamentale ed essenziale per favorire la guarigione. Si può usare anche con la **malachite**, di cui attenua la forza nel far emergere i problemi irrisolti, tiene lontano le energie negative e favorisce in modo naturale l'armonia soprattutto relativa alla sfera femminile.

Si consiglia di porre la rodocrosite sul punto appena sotto lo sterno, anche come gioiello. Tra le sue qualità di aiuto c'è quella di migliorare la vista, ciò è dovuto al benefico effetto sulla auspicabile capacità di chi la utilizza di avere maggior controllo della sua vita e quindi di incrementare la propria chiarezza nella direzione da intraprendere.

Quarzo Citrino

Conosciuto da tremila anni per le sue proprietà e come ornamento di bellezza, questo tipo di quarzo trae il nome dal colore, che richiama agli agrumi e in particolare all'arancia. Anche qui già vediamo la sua importanza nel risuonare con il terzo Chakra che come abbiamo già detto è associato al colore arancione. Il quarzo citrino naturale si trova in rocce vulcaniche del Brasile, negli Stati Uniti e in Madagascar ma raramente è rintracciabile sul mercato, al contrario è assai diffuso quello affumicato oppure il tipo combinato con l'ametista.

Tradizionalmente gli sono state attribuite proprietà legate alla leggerezza, al buon umore, all'allegria, alla capacità di trasformare la tristezza in ilarità e porta con sé il pregio di proteggere dalle influenze negative chi lo indossa.

Data la sua considerevole risonanza con l'area del plesso solare, il quarzo citrino aiuta a digerire e ad assimilare le esperienze vissute senza lasciare tracce di rancore. Risuona con il sole e quindi con il nostro centro e baricentro energetico cioè l'ombelico. Dona energia al corpo, aiuta ad accordarsi alla vita, dona la forza per fluire con essa; portato addosso è protettivo da influenze nocive, evidenzia la forza della luce dorata sul piano fisico. Quindi, al contrario della malachite, che stimola maggiormente l'energia femminile in chi la porta, il quarzo citrino attrae ed è maggiormente in risonanza con la sfera maschile della persona. A questo proposito va ricordato che qualsiasi essere vivente porta con sé una parte femminile, trasmessa dalla madre, e una maschile adottata dal padre. Sta a noi comprendere quale tra le due energie ancestrali necessitano di più aiuto. Tutto questo, è bene precisarlo, se siamo uomini o donne. La polarità è sempre presente dentro ognuno di noi.

Occhio di Tigre

Anche questa pietra è un cristallo di quarzo, molto bello a vedersi con le sue striature di giallo dorato che lo attraversano. Si chiama così proprio perché assomiglia all'iride del felino di cui porta il nome. Si trova maggiormente in Sud Africa ma anche negli Stati Uniti, in Birmania, in Brasile, in Australia e in India.

È considerato un grande amplificatore di energia se messo a contatto con altri cristalli e va preso in seria considerazione nel caso si voglia dare maggior forza all'azione di altre pietre scelte al fine di migliorare la nostra salute psicofisica. Migliora le condizioni di ansia e paura stimolando soprattutto il radicamento nella persona che ne fa uso, la quale avrà quindi giovamento nella forza del giusto agire, la chiarezza nella direzione da prendere, la fiducia in se stessi e l'intento a guardare avanti. Tutte componenti ideali al fine di migliorare la propria capacità di autostima e amor proprio, componenti essenziali per aiutare la ferita da rifiuto.

IL RIFIUTO E I FIORI DI BACH

Anche nel caso della ferita emozionale causata dal rifiuto i Fiori di Bach possono apportare un valido aiuto e sostenerci nel percorrere con più consapevolezza e dolcezza la strada verso la guarigione.

La prima reazione di una persona che si sente rifiutata, come abbiamo già detto, è la fuga che può essere anche in un proprio mondo immaginario. In questo caso si consiglia l'assunzione di **CLEMATIS.**

Nel caso in cui invece il soggetto sia stato troppo soffocato da piccolo e reagirà in futuro rifiutando o sfuggendo le persone che lo amano è preferibile **WATER VIOLET** in quanto la sua tendenza sarà quella di continuare a temere di essere soffocato.

Se il soggetto in questione si crede senza valore, uno zero assoluto, si confronta continuamente con gli altri per avere costante sostegno si consiglia **LARCH.**

Se viene considerato una persona solitaria, rassegnata, indifferente: **WILD ROSE.**

Se è in continua ricerca di amore da parte del genitore dello stesso sesso, sia che si tratti del genitore vero e proprio, sia che la ricerca d'amore venga trasferita su altre persone dello stesso sesso e sviluppa rancore: **WILLOW**; se non addirittura odio: **HOLLY**, può passare da una fase di grande amore a una di grande odio, il che indica quanto sia forte la sua sofferenza.

Se vive l'esperienza di rifiuto con il genitore o con un'altra persona di sesso opposto, si autoaccusa e si autorifiuta, pensando che se l'altro l'ha rifiutato sia per colpa sua: **PINE.**

Attrae frequentemente situazioni o persone di cui ha paura e che possono fargli venire il panico: **ROCK ROSE**.

È quello maggiormente predisposto all'anoressia, specialmente quando è presente il rifiuto del proprio corpo: **CRAB APPLE.**

Può diventare depresso - **SWEET CHESTNUT** - ed avere pensieri di suicidio, in questo ultimo caso si consiglia l'assunzione di **CHERRY PLUM**.

13. L'UMILIAZIONE

"Uno non può permettersi di strisciare quando sente l'impulso di librarsi in volo"

- Hellen Adams Keller

Se porto alla mente la tipologia della persona che ha subito la ferita dell'umiliazione vedo chi, seppur nella sua eventuale profonda sensibilità, vive costantemente con l'atteggiamento di rendersi sempre disponibile ad aiutare il prossimo anche a costo di rimetterci, pronto a prendersi sulle spalle responsabilità altrui prima ancora che qualcuno le abbia chiesto di farlo. Questo è un tema molto importante nell'ambito di qualunque disciplina che abbia a vedere con l'interazione terapeutica sul corpo, sulla psiche e sullo spirito. Bisogna rendersi conto che la guarigione intanto avviene da sé e che se necessita di aiuto quest'ultimo deve sempre essere richiesto dall'interessato. Altrimenti la cosa non potrà mai funzionare, è come se un medico volesse curare il paziente a tutti i costi e gli corresse dietro. Se il paziente non vuole farsi curare deve essere lasciato libero di fare ciò che vuole.

Parlando della ferita legata all'umiliazione, la maschera psicologica indossata dall'individuo coinvolto è quella del masochista che cerca continuamente situazioni da cui uscirà sempre perdendo qualcosa. Tutto questo sia dal punto di vista materiale, come il tipico caso di chi tende a prestare soldi a gente in difficoltà, non necessariamente amici e che non gli avevano chiesto di farlo e il più delle volte rimane fregato perché il denaro non gli viene restituito. Oppure dal punto di vista emozionale, quando un individuo si rende sempre disponibile ad aiutare qualcuno in difficoltà, senza essere stato interpellato, rimettendoci tempo e fatica o lavorando gratuitamente. Sicuramente questo tipo di atteggiamento denota generosità e buon cuore ma cela un disagio notevole alle spalle perché rappresenta la coazione a ripetere di un comportamento subito nell'infanzia e che sistematicamente in età adulta la persona coinvolta tende a riprodurre. Molto spesso la propensione del soggetto in questione è di schermarsi dall'esterno aumentando di peso, a prescindere dal cibo assunto giornalmente. Egli o ella tenderà a ingrossare in tutto il corpo mettendo su chilogrammi di troppo per difendersi dall'esporsi al mondo circostante, per paura di soffrire ancor di più. Inoltre queste persone avranno la predisposizione a curare assai poco la loro apparenza, incluso tralasciare parecchio la qualità del loro abbigliamento che apparirà spesso sporco.

LA MANCANZA DI AUTOSTIMA

Chi porta con sé la ferita dell'umiliazione farà di tutto per sminuirsi davanti agli altri, si metterà sempre in secondo piano sostenendo di non essere all'altezza. Anche in questo caso viene fuori il tema cruciale della mancanza di autostima, uno schema derivato dall'imprinting ricevuto dai genitori in età adolescenziale. Ogni qualvolta che la persona porta a galla questi tipi di comportamento alimenta sistematicamente la propria ferita, che sarà gradualmente sanata nel momento in cui l'individuo diventerà in grado di saper dire di no alle richieste che gli arriveranno dall'esterno, in funzione dei suoi reali bisogni e godendo a pieno il suo tempo libero. Insomma, come succede gran parte delle volte e in relazione alle possibili ferite, quando l'afflitto dal disagio impara davvero ad amarsi e a conoscersi al meglio.

Come per tutte le ferite emozionali, anche l'umiliazione insorge assieme ad altre ferite, che possono essere il rifiuto, l'abbandono, il tradimento o il senso di ingiustizia. Nella storia vi sono casi di persone famose che sono state umiliate e calpestate, ma che da tali gravi disagi emozionali hanno saputo reagire e realizzare grandi sogni e opere che resteranno per sempre nella memoria collettiva del mondo.

Un esempio tangibile lo troviamo in **Artemisia Gentileschi**, la più grande pittrice (o, come si diceva ai suoi tempi, "pittora") della storia dell'arte italiana e forse del mondo. Nata a Roma nel 1593 questa straordinaria donna e artista subì prematuramente la perdita della mamma quando ancora era bambina e restò la sola femmina della sua famiglia che contava, oltre a suo padre Orazio, altri 4 fratelli maschi. Artemisia così dovette badare

Artemisia Gentileschi, Autoritratto come allegoria della Pittura (1638-1639); Royal Collection, Windsor (fonte: Wikimedia)

fin da piccola alla sua famiglia, non poteva quasi mai uscire di casa e dopo la perdita della madre si legò indissolubilmente al padre, famoso pittore e amico di Caravaggio, che secondo alcuni studiosi arrivò anche ad abusare di lei sessualmente. In questo contesto ella sentì forte dentro di sé il potente impulso a dipingere e in giovanissima età iniziò a farlo, anche se non poteva disporre di modelli in quanto all'epoca alle donne era proibito svolgere qualunque attività, incluse quelle artistiche. Per questo motivo le sue bellissime prime opere giovanili la vedono ritratta in pose che ne riproducevano la sua indiscutibile sensualità.

Per quanto si sa Artemisia fu sostenuta dal padre che ne aveva riconosciuto il grande talento e così cercò invano di farla assumere a bottega da qualche pittore amico suo. A quel punto, complice anche una situazione di stallo lavorativo, Orazio Gentileschi, che era piuttosto noto per le sue opere caravaggesche, decise di invitare a casa sua un artista toscano come lui, esperto in prospettiva. Costui si chiamava Agostino Tassi e fu protagonista, non solo negli insegnamenti pittorici alla figlia di Orazio e dell'aiuto concreto al suo lavoro di ritrattista ma soprattutto di un grave fatto che segnò tutta la vita di Artemisia. Successe, infatti, che Tassi usò violenza nei confronti della giovanissima pittrice quando lei aveva poco più di 18 anni. Il padre Orazio, dopo aver scoperto il fatto, denunciò Tassi per stupro e fu celebrato un processo contro di lui dove alla povera Artemisia vennero applicate terribili misure, a loro dire, cautelari. Fu legata alle mani da corde così strette che arrivarono molto vicino a spezzarle le dita, fu umiliata da continue visite invasive alle parti intime onde, secondo la corte, stabilire se fosse ancora vergine quando fu violentata dal Tassi.

Alla fine del processo Tassi fu riconosciuto colpevole ma non scontò mai la pena, Orazio aveva spinto la causa del dibattimento al fine di chiedere al pittore violentatore della figlia di sposarla ma si scoprì essere sposato con figli. Questo fece si che Artemisia si trasferisse a Firenze con un nuovo marito, mentre Tassi fu esiliato da qualche parte e i due non si videro mai più. Fu un periodo molto difficile quello che iniziò per la Gentileschi, sempre in cerca di commesse per lavorare ma, essendo donna, con enorme fatica a trovarle. Il suo talento unito al grande coraggio e all'intraprendenza le consentirono di diventare la prima donna della storia a entrare come allieva nella scuola d'arte di Firenze.

In quel periodo dipinse uno tra i suoi quadri più famosi "Giuditta che decapita Oloferne". L'opera, esposta alla Galleria degli Uffizi, ritrae una scena dell'Antico Testamento dove Giuditta (Artemisia stessa auto ritratta) con un coltello insanguinato è intenta a tagliare la testa a Oloferne (nel quadro viene ritratto Tassi). Un esempio meraviglioso di atto metaforico terapeutico onde esplicitare la pulsione che Artemisia portava dentro di sé dopo la violenza subita da Agostino Tassi. Anche in questa occasione si può notare la straordinaria intraprendenza e sensibilità della nostra eroina che seppur osteggiata e umiliata, considerando i tempi in cui la donna era totalmente esautorata dalla vita sociale, artistica e culturale, riesce incredibilmente a far arrivare lontano il suo meraviglioso talento. Una donna con un cuore impavido e enormemente forte che osò sfidare il mondo maschilista che la osteggiava così tanto da farla diventare da vittima in accusata. Diventò una guerriera che al posto della spada imbracciò il pennello per farsi giustizia attraverso un immenso talento. Nella lettera scritta nel periodo successivo al processo-farsa dove subì ogni sorta di umiliazione, Artemisia dichiara tutto il suo sdegno e voglia di rivincita attraverso la pittura.

"Sulla tela vendicherò il mio stupro. Datemi un esercito, che voglio combattere; datemi un campo di battaglia e sentirete lo schianto della mia forza contro la sua mitezza; il clangore della mia violenza contro il bisbiglio della sua bontà da sacrestia. Datemi una guerra perché, a 21 anni, possiedo armi già ben forgiate, spade da affondare nella lussuria di principi e cardinali in forma di Cleopatre, Lucrezie, Veneri e Susanne; picche da infilzare nelle perversioni dei miei committenti a guisa di Giuditte, Maddalene e Giaele. Tutti desiderabili nudi di donne cui infliggere torture o da cui ricevere dolore: questo mi hanno fatto gli uomini, questo io voglio restituire alla loro impudica bramosia. Ero in mezzo a due fazioni di luride canaglie e ho pagato per tutti quei miseri uomini che si sono affrontati sul mio corpo non avendo il fegato di sfidarsi apertamente fra loro. ORA IO VI SFIDO. Mi farò vendetta con la pittura, dipingerò quadri potenti come nemmeno ho visto fare a Caravaggio quando frequentava mio padre. La conosco la sua Giuditta che taglia la testa a Oloferne: l'ho rifatto uguale il movimento delle braccia, ma la mia eroina non ha quell'espressione schifata nel momento di far zampillare la vena giugulare, né tira in dietro il busto per paura di sporcarsi l'abito. Io affonderò la mia spada con voluttà. Dove siete, pittorucoli? Io posso uccidere e sgozzare il più grande dei vostri campioni con le vostre stesse armi che considerate maschili. IO, la figlia di un farabutto, la disonorata da un delinquente, ***io non voglio che mi sia concesso dipingere, io lo farò e basta.****"*

Nel corso della sua vita, Artemisia ha sempre fatto molta fatica con gli uomini che aveva accanto; a Napoli, dove fondò la prima bottega di pittura Caravaggesca della città partenopea e in seguito a Londra, riuscì a diventare molto affermata e famosa. Le sue commesse nel tempo diventarono le più elevate d'Europa e nel suo periodo londinese ebbe la grande soddisfazione di veder arrivare suo padre Orazio ad aiutarla nelle opere di affresco che fu chiamata a dipingere. Artemisia Gentileschi, una grandissima donna, esempio tangibile di ribellione all'umiliazione e all'ingiustizia, dimostrazione d'infinito coraggio e persecuzione dei propri ideali. Un esempio tangibile per tutte le donne umiliate e represse affinché trovino il coraggio di essere se stesse al fine di trasformare un enorme disagio in grandi risorse.

Un altro caso molto dirompente di donna che riuscì a trasformare il suo dolore devastante in grandi risorse che le permisero di diventare famosa in tutto il mondo, riguarda certamente **Frida Kahlo**. La straordinaria artista messicana, nata nei primi anni del novecento con seri problemi di salute, all'età di 18 anni, mentre studiava medicina, fu coinvolta in un gravissimo incidente tra un tram e un autobus; oltre alle tante fratture riportate una sbarra di metallo le devastò l'addome rendendola in futuro impossibilitata ad avere figli. Subì 32 operazioni chirurgiche e soffrì intensamente tutta la vita, fatta di intense passioni, umiliazioni, tradimenti, rivoluzione e arte. Il devastante disagio che la colpì in giovane età la spinse a iniziare a dipingere già quando era a letto senza potersi muovere, grazie a uno specchio che i genitori le avevano messo al soffitto. Anche Frida come Artemisia inizia la sua carriera autoritraendosi e dopo tanto tempo speso a letto, appena riuscì a camminare, portò i suoi lavori a Diego Rivera, il famoso pittore messicano che si incuriosì molto e le diede la possibilità di iniziare ad farsi conoscere. I due,

Un autoritratto di Frida Khalo

come sanno bene tutti gli appassionati di Frida, si sposarono ma per lei la vita fu un inferno grazie agli innumerevoli tradimenti subiti dal compagno. Nonostante tutto il dolore subito anche dal fatto di non poter avere figli, Frida riuscì ad affermarsi e a diventare un'icona del novecento. Donna dal grande temperamento, non rinunciò mai ai suoi sogni e a dispetto delle sue innumerevoli sofferenze fisiche e emotive visse una vita intensa e passionale trovando sempre la forza di guardare avanti e trasformando continuamente ogni suo disagio in modello artistico. Le sue problematiche fisiche sono state certamente un grosso ostacolo ma la sua forza seppe sempre trarre ispirazione da qualunque evento l'avesse coinvolta, per trasformare il dolore in arte intensa che la aiutò certamente a trascendere le innumerevoli umiliazioni subite.

Anche quando, verso la fine della sua breve vita (morì infatti a 47 anni), le fu amputata una gamba, in un primo momento rilasciò una frase testamento che recitava "*Spero che l'uscita di scena sia gioiosa e di non tornare mai più*" poi, a soli otto giorni dal trapasso avvenuto nel 1954, Frida realizza ancora un'opera, dipinge una sorta di natura morta con frutti tropicali e in cui, con il coraggio e la vitalità che la caratterizzavano, molto semplicemente scrive:

"VIVA LA VIDA!"

Consiglio vivamente a chiunque si riconosca nella ferita dell'umiliazione di leggere la biografia di queste due donne straordinarie, oppure di vedere i film alle quali sono stati ispirati. In particolare, ovviamente, sono di grande sostegno per ogni donna che si trovi in difficoltà, ma il cuore impavido e forte lo possono avere anche tutti gli uomini. Suggerisco anche a loro di leggere e di interessarsi alla vita di queste due meravigliose eroine.

L'UMILIAZIONE – PIETRE E CRISTALLI

Nel trattare il tema di pietre che aiutino ad alleviare e migliorare la ferita dell'umiliazione va sempre ricordato che, in tutte le ferite, il tema di fondo da considerare e sul quale lavorare è sempre quello dell'autostima. La mancanza di fiducia in se stessi, e quindi sul controllo della propria vita, ha a che vedere a livello energetico sempre con il terzo Chakra, connesso al plesso solare. Pertanto troverete spesso cristalli che saranno utili per facilitare più ferite nel loro insieme. Sta in ogni caso al lettore cogliere gli aspetti e le sfumature più indicati per scegliere quale pietra utilizzare e su quale ferita. L'azione dei minerali sul nostro stato psicofisico dipende molto dal loro contenuto e dal colore che emanano. I colori sono strettamente connessi con vari centri energetici principali, i Chakra appunto, che troviamo nel nostro corpo dislocati sull'asse centrale nel numero di sette.

Il tema dell'umiliazione ha a che vedere spesso anche con la mortificazione, che ne rappresenta una derivazione. Di fatto la mortificazione trae la sua origine storica dalle pratiche ascetiche cristiane che imponevano la repressione degli impulsi mediante afflizioni e privazioni corporali. Col tempo questo termine è stato associato all'umiliazione dell'amor proprio che sfocia in senso di vergogna e confusione della persona coinvolta in tale ferita.

Le pietre e i cristalli che sceglieremo per aiutare questo stato di afflizione tendono a rafforzare il senso del proprio valore personale, a difendersi dalle influenze negative e svalorizzanti e promuovono stabilità e fiducia in sé. D'altra parte il terzo Chakra ha a che vedere molto con il tipo di relazione "Io chi sono", l'affermazione della propria natura a scapito da quello che ci circonda. Affermare chi siamo veramente, amarci e considerarci nella giusta misura, aiuta e nutre il nostro sè creando di ritorno un impulso positivo su tutto l'organismo vivente.

Oltre alle pietre già citate in precedenza che hanno un impatto notevolmente benevolo sul terzo Chakra, la Rodocrosite, il Quarzo Citrino e l'Occhio di Tigre, si possono utilizzare con ottimi risultati anche i seguenti cristalli:

Peridoto

Detto anche **Olivina** è un minerale formato da sezioni prismatiche; normalmente appare di colore verde ma può avere sfumature anche in giallo scuro. È ricco in particolare di ferro (che gli dona il tipico color verde cristallino), calcio e manganese e, vista la sua forma e trasparenza, viene considerato pietra semipreziosa e quindi usato in gioielleria. Non a caso il suo nome deriva dalla parola araba *faridat* che significa appunto gioiello. Gli Egizi lo amavano molto al punto da chiamarlo "gemma del sole", da questo si evince la sua affinità con il centro energetico legato al plesso solare. Pare che anche Cleopatra ne facesse un uso molto esteso, ostentandolo parecchio.

Contenente minerali di molte rocce, il Peridoto ha un'origine molto antica visto che è stato il primo a cristallizzare da un fusione del mantello terrestre. Non è un minerale molto comune e si trova sotto la crosta terrestre a una profondità di circa 200-300 metri. È portato in superficie da terremoti o vulcani in eruzione ed estratto in Arizona, Egitto, Pakistan Sri Lanka, Birmania e Cina. Tracce di peridoto sono state trovate anche in alcune meteoriti. È assai delicato in quanto poco duro e per questo i gioiellieri tendono a maneggiarlo con cura e a proteggerlo nell'utilizzarlo.

A livello energetico, viste le sue caratteristiche di color verde meno intenso e diverso da altri cristalli come lo smeraldo o la malachite, il peridoto con la sua tendenza a striature di giallo, tende a stimolare maggiormente il terzo chakra oltre che, naturalmente, il cuore. Altre pietre sempre di color verde ma con striature di azzurro tendono invece a stimolare maggiormente i centri energetici più alti, oltre il cuore, come quello della gola. Sono stati riscontrati notevoli benefici del peridoto nell'aiutare a calmare la mente, armonizzare emozioni esacerbate derivanti da gelosia e rabbia, metterlo sopra il plesso solare è benefico per trasformare tutte queste energie dannose in stimoli positivi del sistema endocrino, in particolare le ghiandole surrenali. La tensione nervosa così si può trasformare in rilassamento e quiete più facilmente. Molto diffuso durante la seconda guerra mondiale per via delle sue proprietà benefiche e visto lo stato di enorme sofferenza del periodo, questa pietra è sempre stata molto conosciuta e utilizzata anche per il suo costo relativamente basso e quindi accessibile a tutti. Il peridoto pertanto è un'importante risorsa per chi si trova a vivere nel retaggio dell'umiliazione subita fin dall'infanzia, aiuta a tramutare il dolore e la collera in energie di radicamento implementando fortemente il senso di autostima.

Ambra

L'Ambra nasce dalle conifere, si forma, in seguito, con il condensamento e la fossilizzazione e porta con sé residui vegetali e animali. Appare traslucida con un colore giallo e rossiccio che può, in alcuni casi, emettere venature di verde. Si raccoglie ed è molto diffusa nei paesi baltici come la Polonia, l'Estonia, la Lettonia, la Germania, la Russia, la Danimarca e anche in Svezia. In questi luoghi di origine esiste una grande lavorazione dell'ambra per realizzare collane, manici di bastoni, anelli, orecchini, bocchini per sigarette e altro.

Questa pietra con l'aspetto vetroso ha la capacità di accumulare molto facilmente energia statica, proprietà riconosciuta fin dai tempi dei Greci. Infatti, se si strofina brevemente l'ambra in un panno di lana e la si avvicina a pezzetti di carta si vedrà immediatamente la sua capacità di attirarli. Famosa come fonte di ispirazione per svariati miti e leggende questo diffuso cristallo si trova negli scritti di Ovidio, in particolare quando egli racconta che Fetonte chiese il permesso al padre di poter guidare nel cielo per un giorno intero il "carro del sole". Purtroppo però Fetonte si avvicinò troppo alla terra, così Zeus lo fece colpire da un fulmine e precipitare. La madre e la sorella lo trasformarono in albero e piansero così tanto da dover richiedere l'aiuto del sole nell'asciugare le lacrime, formando così l'Ambra.

Anticamente i popoli germanici bruciavano l'ambra al posto dell'incenso e fin dal medioevo questa pietra cristallo fu usata per creare i grani del rosario. Essa è notoriamente riconosciuta per le sue potenti proprietà di trasformare energie negative in positive, risultando nello stesso tempo fortemente calmante per il sistema nervoso. Si afferma che l'ambra trasformi i blocchi del terzo Chakra creando e alimentando un profondo e allo stesso tempo delicato senso di calore. Ciò fa si che il corpo sia sempre protetto da eventuali problemi di varia natura. La sua è un'azione più blanda ma sicura e positiva nell'aiutare in caso di malattie e come antidepressivo.

Topazio d'Oro Imperiale

Pietra decisamente versatile molto diffusa in gioielleria, si presenta con vari colori e quindi può essere usata a seconda delle necessità di vari centri energetici. Per quanto riguarda il plesso solare ovviamente la qualità del colore giallo oro è la più indicata per poter dare sostegno e beneficio nei casi di ferita da umiliazione. Il tema è sempre quello dell'abbattimento, della carenza di autostima e della capacità della pietra di dare aiuto onde trasformare, disperdendone l'eccesso, la carica emotiva negativa in forza di volontà.

Anticamente il topazio veniva associato alla castità e sincerità ed era uso regalarlo alle donne in procinto di sposarsi come augurio di felicità. Gli esperti sostengono che aiuti chi lo indossa a diventare maggiormente consapevole e a facilitare l'individuazione dei propri veri desideri. Il topazio giallo oro secondo gli antichi Egizi aveva la proprietà di alimentare gli straordinari poteri del Dio Sole Ra, alimentando così fortemente il lato maschile dell'individuo. Si deduce che sia molto più indicato per gli uomini anche se, in generale, produce effetti benefici su chiunque lo porti purché sia stato scelto con il giusto intento. Esso aiuta a liberare tensione e sfiducia attivando la creatività, è di grande aiuto negli stadi depressivi e per chi soffre di attacchi di panico viste le sue proprietà legate all'ottimismo e alla gioia di vivere. Il suo forte legame col sole ne fa un potente catalizzatore di energie che risuonano con l'area addominale diaframmatica.

Si consiglia di caricare il topazio al sole, evitando le ore più calde altrimenti rischia di sbiadirsi, ed esporlo la notte alla luna crescente. Utilizzarlo con un ciondolo che arrivi al plesso solare al quale sarà avvicinato ogni qualvolta si praticano meditazioni. Giacimenti di questo versatile cristallo si trovano sparsi un po' in tutto il mondo, in particolare in Repubblica Ceca, Pakistan, Norvegia, Brasile, Giappone, Russia e anche in Italia.

Portare con sé il topazio aiuta molto a entrare in stretta connessione con i propri desideri, a osservare le esperienze errate vissute e a digerirle al meglio onde trasformarle in risorse positive per se stessi e per il prossimo. Tutto questo anche in termini di parole giuste da comunicare che troveranno maggior facilità di esposizione senza essere fraintesi.

A livello fisico gli esperti affermano che le proprietà di questa pietra sono benefiche per il sistema nervoso centrale,

EXIT

promuovendo un effetto rilassante su chi ne fa uso. Inoltre pare abbia un'azione sulla respirazione (in antichità veniva usata come prevenzione dai raffreddori) e sulla purificazione delle vie epatiche. Per tutte queste qualità il topazio viene considerato tra i cristalli che donano maggior forza al sistema immunitario. Quindi purificazione, forza, trascendenza, armonia sono tra le sue parole chiave più evidenti. Viene considerata la pietra della pace e dell'amore. Perciò una risorsa in sicurezza per chi ne desidera farne uso, molto adatta per qualsiasi ferita subita ma in particolare, per le sue innumerevoli proprietà e versatilità, per quella da umiliazione. Possiamo dire che il topazio aiuta notevolmente, in generale, a far fluire al meglio tutta la nostra energia donando prezioso sostegno a tutto l'organismo vivente a vari livelli e che ciò favorisce anche la canalizzazione in modo appropriato della nostra forza più potente, quella sessuale.

Sono innumerevoli le leggende legate a questa pietra, tra esse, quella di essere stata utilizzata, in passato, come amuleto per proteggersi da malefici.

UMILIAZIONE E FIORI DI BACH

Per quanto riguarda la ferita dell'umiliazione ecco di seguito un elenco di fiori utili per aiutare a guarirla:

- **CRAB APPLE:** mantiene il controllo su tutto per evitare la vergogna derivante dalla sensazione di doversi purificare invano da qualcosa.

- **CENTAURY:** il fiore utile per chi è ipersensibile, delicato, buono e generoso ma sempre fuori misura in quanto vive per poter aiutare il prossimo senza amare però in primo luogo se stesso. Il soggetto Centaury tende a diventare più servo che aiutante e trascura sempre se stesso non dedicandosi abbastanza tempo. Anche queste sono tipiche modalità di interazione con la vita di chi ha subito la ferita dell'umiliazione.

- **ELM:** indicato a chi si fa carico di troppe cose e arriva poi a sentirsi stanco con la sensazione di aver fallito. Quando si arriva alla depressione è perché non ci sente all'altezza. Facilita il ritrovare una direzione consona alla propria natura nella vita.

- **GENTIAN:** aiuta ad alleviare stati depressivi, la tendenza al pessimismo e al lento scoraggiamento. Facilita la trasformazione nel vedere la vita da nebbiosa e indefinita a più luminosa. Soltanto dalle nubi e dalla pioggia può nascere l'arcobaleno.

- **LARCH:** assolutamente adatto a una persona che ha una elevata mancanza di fiducia in sé stessa, che non osa mai, che non crede in sé stessa, che normalmente non pensa proprio di potercela fare in qualsiasi situazione della vita, perciò rinuncia prima di provare e si sente tremendamente inferiore, temendo spesso le brutte figure. Tutte caratteristiche che troviamo in chi ha subito la ferita dell'umiliazione. L'azione di Larch sarà molto benefica al fine di stimolare l'autostima, la fiducia in se stessi e riattivare l'iniziativa.

- **PINE:** masochista, ama dare molto agli altri, tende a scusarsi continuamente, incapace ad abbandonarsi al piacere , senso del peccato e della colpa, giudice inflessibile di sé stesso.

14. IL TRADIMENTO

"È permesso guardare la sventura a tradimento per soccorrerla"

- Victor Hugo

Secondo gli esperti che studiano da vicino a livello psicologico e traumatico le ferite emozionali, il tradimento si alimenta tra i due ed i quattro anni di età con il sesso opposto. Come tutte le altre ferite può apparire assieme ad altri disagi esistenziali ma va considerata una cosa molto importante. Quando parliamo di ferite emozionali dobbiamo pensare che queste derivano comunque sempre da componenti biologiche, che si vengono a determinare nel momento in cui si materializzano e che hanno sicuramente sempre una connessione con il passato ancestrale di chi le subisce. Nel caso del tradimento esso nasce sempre nel momento in cui il bambino, che vede nei genitori due divinità da cui si aspetta sempre il meglio, si vede disattendere le proprie aspettative. Come nel caso di un padre o una madre che abbandonano la famiglia per stare con un'altra persona, oppure che spariscono praticamente dalla vita relazionale per scelte lavorative. Ovviamente, come già detto più volte, in questi casi le ferite si moltiplicano per cui oltre al tradimento interviene anche l'abbandono che spesso sconfina pure nel rifiuto. Tutto dipende sempre dal contenuto del trauma subito e da quali sono le connessioni col proprio tema famigliare. Per esempio se un bambino cresce in una famiglia dove i genitori provengono a loro volta da padri o madri o antenati che tradivano, sarà molto naturale che lo stesso tema si ripresenti. Il sistema famigliare ripete sempre le dinamiche assorbite durante il decorso del tempo, nel bene e nel male. Ho sempre pensato, visto gli anni dedicati allo studio del Taoismo e dello Shiatsu, che le dinamiche famigliari non siano altro che una chiara manifestazione del naturale principio dello Yin e dello Yang. Il femminile e il maschile, che sono dentro ognuno di noi e modellano la nostra esistenza attraverso le memorie che ci portiamo dentro ogni singola cellula del nostro corpo, nel bene e nel male. Siamo il risultato d'innumerevoli imprinting che hanno impregnato tutto il nostro organismo mediante continue esperienze, facendoci comprendere col tempo (e spesso non basta una vita per farlo), se ne cogliamo l'opportunità, quali siano i nostri nodi da sciogliere e le nostre ferite. Nel caso in cui, per una ragione o per un'altra, decidiamo di non guardarci dentro e facciamo finta che tutto vada bene comunque e che non vi sia la stretta necessità di consultare qualcuno, molto preparato, che ci possa aiutare, allora il tema si ripresenterà all'infinito.

UNA FERITA PUÒ APRIRE SPIRAGLI DEL TUTTO INASPETTATI

Chi ha subito un tradimento dai genitori tenderà a incontrare persone che lo tradiscono ancora, oppure sarà lui stesso a farlo in quanto il modello ricevuto durante la sua infanzia è quello. Anche in questo caso, come sempre avviene, la ferita può aprire spiragli del tutto inaspettati e trasformare un forte dolore in risorse che altrimenti mai avrebbero potuto realizzarsi. Per quanto concerne il tradimento prenderò in esame casi eclatanti di personaggi famosi che, in un primo caso, sono stati traditi dai loro partner a da lì hanno iniziato a costruire la propria fortuna, e in un secondo caso sono stati traditi dal loro corpo che improvvisamente li ha fatti piombare in terribili situazioni dalle quali sono nate commoventi storie meravigliose che toccano il cuore e sono di enorme insegnamento per tutti.

Un famoso caso di tradimento da cui è nato qualcosa che nel giro di pochi anni ha cambiato le nostre vite (da stabilire se in meglio o in peggio, ma questo è un altro discorso) ma soprattutto quella di chi, quel qualcosa, l'ha inventata, è sicuramente quello di **Mark Zuckerberg**, l'inventore di Facebook. Nato a New York nel 1984 da una famiglia ebrea praticante, figlio di un dentista e di una psichiatra, Zuckerberg ha dimostrato fin da ragazzo le sue notevoli capacità informatiche studiando programmazione di sistemi di comunicazione e diventando nel tempo un genio assoluto della materia. La scintilla che gli ha dato l'idea di creare un social network che avrebbe cambiato la sua vita e quella di milioni di persone, facendolo diventare nel 2017 l'uomo più ricco del mondo, fu accesa da un tradimento subito da una ragazza nel periodo in cui studiava ad Harvard. La storia è ben raccontata, in modo romanzato, nel film *The social network* uscito nel 2010 e diretto da David Fincher che è di fatto la biografia di Mark.

Mark Zuckerberg

Non è certo che Zuckerberg avesse una relazione stabile da tempo con la ragazza che lo tradì con un altro quella notte in cui per vendicarsi creò un piccolo social network universitario dove screditò in maniera dura e diretta la sua ex. La cosa ebbe così tanto successo da incentivare il suo creatore a continuare il lavoro e, assieme a dei soci compagni di scuola, a farlo diventare un fenomeno economico di imponente levatura, al punto tale da determinare liti legali miliardarie tra lui e i suoi compagni di avventura.

Ora è certo, come già detto più volte, che questa storia non dimostra assolutamente la felicità del protagonista nel diventare l'uomo più ricco del mondo ma è un ottimo esempio di come da un disagio, in questo caso un tradimento subito, possano nascere risorse così incredibili da strabiliare chiunque ne venga a conoscenza. Se Marck Zuckenberger non fosse stato tradito forse mai avrebbe avuto la forza di creare Facebook e in quella forma. Sicuramente sarebbe diventato un apprezzato informatico, visti i numeri di cui disponeva, ma nessuno saprebbe nulla di lui. Pertanto l'uomo più ricco del mondo deve ringraziare la donna che l'ha tradito se ha realizzato l'oggetto che gli ha permesso di diventarlo.

Aldilà di questa storia, chi subisce un tradimento deve per prima cosa chiedersi il perché ciò è accaduto, porsi delle domande e cercare il più possibile di stare lontano dal giudizio della persona che l'ha tradito. In tale situazione è più che normale provare rabbia, frustrazione e tristezza che sfociano facilmente in seguito in depressione. Ci si sente svalutati e delusi e la classica reazione che si ha è quella di dire "non mi fido più di nessuno e d'ora in poi non accadrà più". In realtà per dipanare certi nodi abbiamo bisogno di ripetere più volte la stessa esperienza, passare attraverso il dolore (che per certi versi resterà per sempre celato in qualche angolo del nostro corpo e della nostra psiche), comprenderne le ragioni per poter un giorno guardare oltre e andare avanti.

Secondo gli studiosi delle ferite emozionali, quella del tradimento alimenta la maschera del controllore, cioè della persona che non si fida per paura di soffrire una delusione già vissuta. Questa reazione è una vera e propria dissociazione che il soggetto attua onde rifuggire la possibilità di esperire ancora una volta il tradimento, la delusione che arreca dolore. Tutto il processo va sempre visto come un meraviglioso tentativo del corpo umano di difendersi da quanto subito.

TRADIRE LA PROPRIA STIMA

Il punto focale del controllore è cercare di risolvere sempre tutto da soli pur di non coinvolgere gli altri nelle proprie scelte per timore di rimanere delusi. Alla fine, per l'ennesima volta, il tema è sempre quello di non avere fiducia in se stessi e potremmo chiamare questo tipo di atteggiamento *"tradire la propria stima"*. Per cui il tradimento avviene per prima cosa dentro di noi perché primariamente non sappiamo, o spesso facciamo finta di non sapere, chi siamo veramente, quali sono le vere ragioni del nostro dolore e cosa dobbiamo realmente fare per farci aiutare. Come già descritto ampiamente nel capitolo inerente la Biodinamica Craniosacrale, siamo fatti in gran parte di fluidi e fin dal momento del concepimento riceviamo dai primordi, a livello embrionale, una serie infinita di influenze di vario tipo che condizionano tutto il nostro essere. Ogni singola cellula del nostro corpo registra e mette in memoria molteplici risonanze ancestrali e psicofisiche che saranno con noi per tutta la vita. Visto che veniamo tutti quanti da una madre e un padre sottolineo, come già ripetuto più volte, l'importanza delle influenze famigliari nel determinare l'insorgere delle ferite emozionali.

Qui siamo davvero alla radice del problema e come diceva la Bibbia *"Le colpe dei padri ricadranno sui figli per tre o quattro generazioni"*. A tal proposito la nascita, o meglio, la riscoperta grazie a **Bert Hellinger** delle **Costellazioni famigliari** e allo straordinario contributo della **Psicogenealogia** di **A.A. Sutzenberger** prima e al meraviglioso e, a mio parere, insuperabile lavoro di **Antonio Bertoli** e la sua **Psico-Bio-Geneaologia** *(vedi bibliografia)*, sono da ritenersi tutte preziose risorse nate in questo preciso momento storico per offrirci notevoli possibilità di guarigione. Quando si vanno a sanare le ferite profonde determinate dai conflitti famigliari irrisolti soltanto allora si può dire di essere usciti dal tunnel del disagio profondo che fino a quel momento sembrava senza fine.

IL TRADIMENTO DEL PROPRIO CORPO

Veniamo ora al tema di quello che io definisco il *"tradimento del proprio corpo"* che, va detto subito, non è di fatto assolutamente un tradimento perché nulla avviene a caso, c'è sempre una ragione affinché certe cose succedono. Poichè è assolutamente naturale per chiunque incontrare difficoltà nella vita, più o meno serie, qui ci occupiamo esclusivamente di quali risorse possono scaturire da qualunque forma di difficoltà, anche quelle più devastanti. Partendo dal tema del corpo fisico e, in particolare, da chi ha investito tutta la sua vita su di esso come fonte di lavoro e realizzazione professionale, ecco di seguito alcuni casi sensazionali di persone che sono state *"tradite dal proprio corpo"* e ne hanno tratto infinite possibilità che ne hanno cambiato le loro vite sicuramente in termini di qualità positiva.

Nel 1984 una sconosciuta ragazza di venti anni dal nome **Gin Miller**, solare e entusiasta come tutte le ragazze della sua età, insegnava aerobica in una minuscola palestra di uno sperduto paesino vicino ad Atlanta, Georgia negli Stati Uniti. Cresciuta con il sogno di molte sue colleghe dell'epoca, quello di imitare Jane Fonda e, se non altro, di poter vivere decorosamente col proprio lavoro, Gin si infortuna seriamente al ginocchio. Il trauma è grave, il recupero lento e doloroso. Il suo ortopedico di fiducia le consiglia, per rinforzare la muscolatura che sostiene l'articolazione del ginocchio danneggiato, di salire e scendere da una scatola contenitore, tipo quelle del latte. Vista la fretta di iniziare con il recupero, Gin comincia subito gli esercizi a casa salendo e scendendo dal gradino di una scala. Salire su e giù un gradino più volte al giorno le sembra noioso e quindi prova a farlo ascoltando musica in sottofondo, rendendo così la riabilitazione più sopportabile. A quel punto la Mil-

Una sequenza di step, disciplina inventata da Gin Miller

ler si accorge che il cuore lavorava a una frequenza maggiore salendo e scendendo il gradino, decide quindi di proporre ai proprietari della palestra di procurarsi dei gradini in modo da poter provare a offrire un nuovo servizio ai clienti appassionati di fitness.

Da questo punto in poi Gin Miller si ingegnerà per creare e, con molta fatica come è normale che sia per tutti i pionieri, brevettare quello che sarebbe diventato lo **Step**, disciplina al giorno d'oggi diffusa in tutto il mondo. Da allora Gin e il suo metodo, che chiamerà **Step Training**, si diffonderà sempre più e farà di lei la regina incontrastata del fitness che annovera nel suo *palmares* numerosi riconoscimenti internazionali. Ha conseguito, infatti, il titolo di IDEA (istruttore dell'anno) e il premio al World Fitness Festival nel 1991, nel 1994 è stata inserita dalla rivista People tra le 25 persone più in forma al mondo e nel 2006 inclusa nel National Fitness Hall of Fame. Innumerevoli sono le sue partecipazioni a convegni e rassegne internazionali, spesso invitata come ospite d'onore.

La straordinaria invenzione di Gin Miller è un emblema della resilienza. Tutto nasce da un grosso disagio e si trasforma in un'incredibile possibilità di trasformazione positiva. Anche in questo caso, se Gin Miller non si fosse danneggiato seriamente un ginocchio non sarebbe mai nato lo Step e lei mai avrebbe potuto realizzarsi come invece di fatto è avvenuto.

Un altro notevole caso di persona, atleta in questo caso, che ha dovuto mettere da parte i suoi sogni di gloria sportiva e ha trasformato il suo notevole disagio in grande forza di trasformazione e realizzazione è quello di **Julio Iglesias**.

Nato e cresciuto a Madrid, Iglesias vive fin dall'infanzia la grande passione per il calcio e, grazie all'entusiasmo del nonno per il mitico portiere spagnolo degli anni trenta

Ricardo Zamora, arriva a giocare nei primi anni sessanta nelle giovanili del mitico **Real Madrid**. Di quel periodo dirà in seguito "Sognavo di essere un portiere ma le cose sono andate in un altro modo, è la vita". La notte del 22 settembre 1963, giorno del suo ventesimo compleanno, fu vittima di un grave incidente automobilistico. Mentre viaggiava con amici la loro auto fu distrutta da un terribile schianto con un altro mezzo più grande. Trasportato d'urgenza in ospedale vennero riscontrate a Julio numerose gravi fratture che ne pregiudicarono drasticamente la vita mettendo in dubbio addirittura, a detta dei medici, la possibilità che egli potesse tornare a camminare. La degenza in ospedale durò circa un anno e mezzo, un'esperienza terribile di grande fatica che lo mise a durissima prova. Durante la degenza Iglesias, che soffriva di insonnia, iniziò a scrivere poesie, per gran parte malinconiche. Un giorno un infermiere gli regalò una chitarra dicendogli *"Non giocherai mai più al Bernabeu ma potresti iniziare una nuova attività"*.

Fu così che il giovane Julio cominciò, dopo aver imparato a suonare decentemente la chitarra, a musicare i suoi testi e comprese che poteva giocarsi delle chance musicalmente parlando. Uscito dall'incubo della riabilitazione e compreso che non avrebbe mai più giocato al calcio, investì gli anni successivi della sua vita studiando prima l'inglese a Londra, dove inizierà in seguito a cantare la sera in alcuni pub e, in seguito, suscitando l'interesse di alcune case discografiche ai suoi testi. Da lì in poi la sua vita sarà, musicalmente parlando, un tripudio di successi che lo porteranno a diventare una vera e propria star a livello internazionale. Le sue canzoni sono state cantate in numerose lingue nel mondo tra cui l'italiano e proprio nel nostro paese, in particolare negli anni ottanta, ottenne un grande successo. Numerosi i premi internazionali che Julio Iglesias si è aggiudicato diventando sempre più famoso in tutto il globo. Ancora una volta, un giovane che sognava un certo tipo di carriera viene bloccato in maniera irreparabile dalla vita che però gli offre, pur nella sofferenza, degli strumenti preziosi per poter ricominciare e trarre il meglio dall'esperienza vissuta, per realizzare se stesso in una maniera che nessuno avrebbe mai pensato.

I casi citati di Gin Miller e Julio Iglesias non sono che un piccolo esempio di resilienza di persone trovatesi a dover cambiare le loro vite dopo aver subito un disagio. Cosa dire allora dei tantissimi casi in cui un uomo, una donna, atleta o meno che sia, attraverso incidenti e malattie gravi perde l'uso di un arto o entrambi, oppure nasce già con handicap importanti e deve *per forza* affrontare la vita in maniera diversa?

Sono innumerevoli gli esempi di persone popolari che hanno trasformato il loro handicap in forza e ne fanno una meravigliosa bandiera che dona aiuto e speranza a molta gente. Tra questi cito **Alex Zanardi**, l'ex campione di automobilismo, che dopo innumerevoli successi mondiali e considerato tra i più grandi piloti di sempre, nel 2001 ebbe un gravissimo incidente e perse entrambe le gambe a seguito del terribile impatto ricevuto. Rischiò di morire dissanguato e restò in coma farmacologico per diversi giorni. Le sue condizioni erano talmente disperate che gli fu somministrata l'estrema unzione, ma il destino aveva preparato un altro finale per il grande campione bolognese; gradualmente, prima uscì dal coma per poi riprendersi completamente.

Alex Zanardi

Da quel momento la vita di Zanardi cambia rapidamente e inizia un lento ma progressivo recupero che lo porterà a riprendere in mano, seppure in modo assai diverso, il suo percorso sportivo. Con l'aiuto del suo medico di fiducia, attraverso l'uso di protesi, torna a vivere un'esistenza "normale" e viene fuori tutta la sua incredibile forza d'animo quando ironizza sul suo handicap dicendo che d'ora in poi se si dovessero rompere entrambe le gambe basterebbe una chiave a brugola per sistemarle. E che d'ora in poi non avrebbe mai più preso un raffreddore camminando scalzo. Bellissime le sue frasi, emblema assoluto della resilienza:

> *"Quando mi sono risvegliato senza gambe ho guardato la metà che era rimasta, non quella che era andata persa."*
> *"Invece di pensare a ciò che non puoi fare per colpa di ciò che non hai, pensa a quello che puoi fare grazie a quello che hai."*

Straordinario Alex, che utilizza l'ironia, un potente mezzo di trasformazione di situazioni emotivamente delicate, nello sdrammatizzare una situazione devastante e lancia messaggi positivi di enorme aiuto per chiunque sia in difficoltà. A due anni dall'incidente tornò in pista e volle per prima cosa ritornare sul circuito dove ebbe l'incidente e, grazie ad un'automobile attrezzata per l'occasione, terminò i 13 giri che gli mancavano per finire la corsa interrotta dal terribile incidente. Negli anni successivi ricomparve nelle gare di automobilismo che contano e tornò a vincere. In seguito si dedicò al paraciclismo diventando ben presto campione affermato e osannato in tutto il mondo e vincendo le olimpiadi in diverse gare. Emblema del pensiero positivo Alex Zanardi tutt'oggi è un testimonial eccezionale di come una persona da una disgrazia terribile possa venirne fuori con straordinarie risorse.

Un altro meraviglioso esempio di resilienza ci viene dato da **Bebe Vio**, la giovane famosa schermitrice veneziana paraolimpica che ha toccato i cuori di tutto il mondo con il suo caso; partendo da un handicap gravissimo riesce non solo a vincere trofei ai massimi livelli ma anche e soprattutto a dare speranza a ognuno di noi. Colpita da una grave forma di meningite all'età di undici anni, per salvare la vita a Bebe vengono amputati sia gambe che avambracci. Dopo un lungo periodo di riabilitazione e grazie a protesi studiate appositamente per lei, riuscirà a tornare alla sua grande passione: lo sport. Da lì in poi inizierà a inanellare una serie infinita di successi che la faranno diventare l'alfiere mondiale dello sport paraolimpico, ma aldilà dei suoi innumerevoli successi Bebe Vio colpisce per il suo contagioso entusiasmo, la sua incredibile voglia di vivere che emana entusiasmo da tutti i pori. Cito alcune sue chicche da brividi:

> *"Essere speciali significa proprio riuscir a far capire che il tuo punto debole diventa quello di cui vai più fiero."*
> *"Ho sempre saputo che avrei potuto ricominciare a fare scherma. Quando l'ho chiesto ai medici mi hanno, diciamo, sputato in un occhio. Quando l'ho chiesto a quelli delle protesi si sono messi a ridere. Io fin da subito ho capito che sarei riuscita a ritornare."*
> *"Il mio motto è: non piangersi addosso, lamentarsi è inutile."*

Naturalmente esistono tanti altri casi, magari meno noti oppure che conosciamo solo personalmente, di persone straordinarie che hanno trasformato i loro grandi disagi in modelli di realizzazione che aiutano tanta gente che soffre ad avere una visione diversa delle cose. Invito chiunque si trovi in estrema difficoltà nella sua vita, per tante ragioni, a guardare con fiducia a questi casi, a incontrarli personalmente, a studiarne le loro vite, a leggere cosa dicono e cosa fanno per aiutare (loro che sono stati penalizzati duramente) veramente la gente che sta male ed è afflitta.

297
EXIT

IL TRADIMENTO – PIETRE E CRISTALLI

Riguardo alla ferita da tradimento vanno benissimo e possono aiutare molto tutte le pietre e i cristalli descritti in precedenza che hanno effetti benefici sul plesso solare e quindi sul terzo chakra. Tutto ciò che aiuta a digerire esperienze passate, purificare e armonizzare il disagio in modo da trasformare il dolore in risorse è assolutamente appropriato, come sempre del resto.

Mi permetto, nel trattare questa specifica ferita, di segnalare un paio di importanti pietre da aggiungere a quelle già citate che hanno un forte impatto protettivo e di purificazione sul sesto e settimo chakra. Il sesto, chiamato anche *Ajina Chakra,* si trova nella zona tra le sopracciglia nel centro della fronte. Detto anche il *Terzo Occhio* per la sua collocazione energetica molto importante, è un centro fondamentale per la visione ordinaria e straordinaria, ha a che vedere con la nostra capacità di visualizzare e con la chiaroveggenza. È qui che abbiamo la preziosa capacità di immaginare, di visualizzare e richiamare cose ed eventi a venire. In questa specifica parte della testa abbiamo componenti organiche molto delicate e particolari anche se la maggioranza di noi non ne è a conoscenza.

A livello di ossa craniche, in particolare, troviamo lo *Sfenoide* che si presenta con una forma complessa, variegata e spettacolare. La sua forma, a metà tra una farfalla, una libellula e un pipistrello, risulta meravigliosa a chiunque abbia la possibilità di osservarlo. Per posizione e caratteristiche, lo sfenoide è l'osso più centrale e innervato del cranio (in esso passano sei dei dodici nervi cranici che fuoriescono direttamente dal tronco cerebrale, tra cui quello olfattivo, il trigemino, l'ottico e altri aventi a che fare con i movimenti oculari), contiene la ghiandola pituitaria ed è sede del chiasma ottico (sito dove si incrociano i due nervi ottici provenienti dal cervello). Confinante con gran parte delle ossa craniche, esso viene considerato un importante fulcro di tutto il sistema muscolo scheletrico. Nel Taoismo viene detto *"osso immortale"* e in lingua giapponese è chiamato "osso farfalla". Si può contattare all'esterno della testa esclusivamente in due piccoli spazi che si trovano ai lati delle sopracciglia, Questi due piccoli spazi, morbidi al tocco sono quelli che chiunque abbia sofferto di mal di testa ha toccato istintivamente nella vita. Esattamente in queste due aree, che appaiono della grandezza di un francobollo, troviamo uno tsubo (letteralmente *"punto che eroga energia"*) di agopuntura molto importante che dà inizio al canale energetico legato alla Vescicola Biliare, che gli antichi Cinesi chiamavano "Osso dell'occhio". Questo sta a significare che già 3500 anni fa i medici cinesi conoscevano molto bene l'anatomia umana e, in questo caso, la presenza dello sfenoide, anche perché per quanto ho detto in precedenza esso risulta essere davvero l'osso dell'occhio.

Ametista

Molto conosciuta e diffusa, questa pietra versatile e potente riveste una grande importanza nell'affascinante mondo dei cristalli e delle loro notevoli proprietà benefiche.

Secondo la leggenda mitologica, Ametista era una ninfa di cui Bacco, il noto Dio del vino, si era invaghito; le stava sistematicamente appresso al punto tale da spingere l'aggraziata fanciulla a chiedere aiuto a Diana, Dea dei boschi, che per proteggerla in modo definitivo, la trasformò in trasparente cristallo. Ciò suscitò l'ira di Bacco che vi rovesciò sopra il vino, suo inseparabile compagno, in modo da farle assumere il tipico colore violaceo che contraddistingue ancora oggi l'ametista. Per questo motivo si dice che, tra le innumerevoli proprietà della pietra in questione, vi sia anche quella di lenire e proteggere chi la indossa dagli effetti collaterali dell'alcol. Questa tesi è stata avvalorata sia dai Greci che dagli antichi Romani.

L'ametista è dunque un quarzo violaceo assai diffuso già molte migliaia di anni fa e utilizzato in Mesopotamia prima e dagli Egizi e in Sud Africa in seguito. Risulta essere una tra le gemme maggiormente usate per creare sigilli, gioielli, coppe, calici e intagli. Essa si trova in gran quantità in Brasile ma anche in altri paesi dell'America Latina e in USA, in Russia e Madagascar. In Italia esistono piccoli giacimenti in Trentino Alto Adige, nel torinese e nel grossetano. Fino a qualche secolo fa l'ametista veniva considerata pietra preziosa per la sua effettiva rarità ma col passare del tempo e, attraverso la scoperta di innumerevoli giacimenti in tutto il mondo, è diventata, sempre più accessibile a tutti.

Dato il colore e la natura minerale della pietra, l'ametista si contraddistingue per le sue innumerevoli proprietà benefiche di protezione, purificazione e sostegno a chiunque abbia la sensibilità di farne uso. Il colore violaceo è in piena sintonia col terzo occhio e quindi il sesto Chakra o anima del nostro corpo che entra in assoluta risonanza con questo cristallo di rara bellezza. L'utilizzo può essere adatto a purificare qualunque tipo di ambiente, sia esso casalingo che lavorativo. In particolare per chi opera in ambito psico-corporeo, l'ametista rappresenta senz'altro un riferimento. In questo caso si consiglia di procurarsi un cristallo abbastanza grande compatibile con le dimensioni dell'ambiente in cui verrà sistemato. Sempre sul piano della purificazione si può usare l'ametista per ripulire e ricaricare energeticamente altre pietre o cristalli che andranno posti, dopo averli lavati e fatti asciugare, direttamente sulla pietra stessa. Personalmente, per esperienza, credo che questa sia davvero un'ottima pratica da seguire e la consiglio vivamente a tutti i terapisti psicocorporei in generale.

Crisocolla

È una meravigliosa pietra dal colore azzurro-verde che ha notevoli proprietà nello stimolare in generale l'energia femminile. È molto adatta alle donne e, visti colore e composizione, aiuta in modo sensibile chi la usa a liberare, anche verbalizzando, il dolore subito attraverso traumi legati al passato, incluso le ferite da tradimenti ricevuti.

I principali giacimenti di Crisocolla si trovano in Sud America, negli USA, nel centro Africa, in Romania e anche in Italia. Nell'antichità veniva usata per saldare l'oro e alcune tribù di Nativi Americani la utilizzava in particolare per placare la rabbia e aumentare la resistenza agli eventi e la forza generale in tutto il corpo. Favorisce in maniera consistente una comunicazione chiara e limpida visto il legame con il quinto chakra (area del collo e della gola). Trovo molto utile l'utilizzo di questa pietra per lenire e aiutare ferite da tradimenti subiti in quanto, oltre alle ragioni già dette, l'area tra collo e la testa, quindi la cerniera atlanto-occipitale è zona delicata e particolare. Infatti rappresenta il punto di incontro tra il collo (una sorta di ponte tra la Terra, cioè il corpo, e il Cielo, quindi la testa) e la nostra parte più evoluta, il capo. In questa area specifica si tende a somatizzare eventi imprevisti e inaspettati come il caso di tradimenti. Non a caso si usa l'espressione tra "Ho subito un colpo tra capo e collo".

Il collo rappresenta la nostra capacità di essere flessibili nella vita e di fluire in libertà e sicurezza. L'occipite nello specifico è espressione di accoglienza, di amore e sostegno, interpreta la visione ed è molto legato al momento reale della nostra nascita, quindi a eventuali traumi durante il parto. Nel momento in cui subiamo un tradimento, consapevole ed esplicitato o meno, il nostro corpo attiva delle reazioni specifiche atte a limitare o attutire lo shock. In questo caso, tra tante altre reazioni, l'organismo si contrae fortemente a livello della cerniera atlanto-occipitale dando di riflesso fenomeni come capogiri, vertigini e cefalee ricorrenti. In particolare i giramenti di testa sono molto comuni e richiamano a messaggi di richiesta inconscia di sostegno. La crisocolla in questo senso rappresenta una piccola ma importante risorsa di aiuto.

È consigliabile esporre questa pietra alla luna viste le sue notevoli proprietà femminili, per il resto il suo utilizzo è duttile e variegato. La si può tenere sotto il cuscino se si vuole avere il richiamo di sogni lucidi, oppure farne un ciondolo o un bracciale da portare sempre addosso o semplicemente tenerla accanto durante il giorno e in particolare la notte viste le sue caratteristiche legate alla luna e al femminile. Alcuni la consigliano anche per difendersi dalle emissioni del computer ma a tale proposito pare sia assai meglio la tormalina nera.

La crisocolla dona pace e calma per cui è adatta in qualsiasi tipo di ambiente la si voglia mettere, sia al lavoro che a casa o appunto, come già sottolineato, in camera da letto. In genere si presenta in forme tonde morbide che richiamano fortemente l'energia della donna. Si trova abbastanza facilmente in commercio ma è consigliabile stare attenti per non confonderla con il turchese, altra bellissima pietra con proprietà diverse seppure molto importanti.

IL TRADIMENTO E I FIORI DI BACH

Tornando ai Fiori di Bach, ecco un altro caso studio significativo che illustra bene la ferita emozionale da tradimento ed il sostegno che si può ricevere grazie al loro aiuto.

“Marzia (50 anni), operatrice olistica, viene da me perché da qualche giorno si sente molto scoraggiata, arrabbiata e confusa e non sa come gestire queste emozioni, così forti in alcuni momenti da toglierle la concentrazione e da farle avvertire un senso di dolore generale e qualcosa nel suo stomaco che non riesce a mandare giù.
Parlando mi racconta che “la causa” che ha scatenato tutto questo è che pochi giorni fa Stefano (55 anni), consulente nel campo della bio-edilizia, un suo caro amico ed anche suo partner nell' organizzazione di eventi olistici, l'ha lasciata di punto in bianco, senza nessun preavviso, all'inizio di un progetto, di un percorso di meditazioni a cui avevano lavorato insieme assiduamente da mesi.
A questo punto Marzia si trova con il ciclo di meditazioni che è appena iniziato, da sola e con un forte dolore per quello che è appena successo. Non sa se continuare o se lasciar andare il progetto, ha le idee molto confuse ed è delusa, scoraggiata e si sente proprio sfortunata. Non sa spiegarsi il motivo per il quale Stefano abbia abbandonato il progetto e quando lei lo ha cercato un paio di volte al telefono, per avere spiegazioni, lui non ha risposto e non si è più fatto trovare.
Andando un po' più nel dettaglio Marzia è quasi scioccata di quello che è successo, ma più di tutto dice di provare tanto dispiacere per il fatto che le sembra che adesso Stefano le stia sfuggendo e che inoltre non risponde alle sue chiamate. Non riesce proprio a capire cosa può avere fatto di sbagliato... Continua dicendo che quest'ultima cosa è forse quella che al momento le fa più male, che le ritorna continuamente in mente durante la giornata, tanto da lasciarla spesso priva di concentrazione e spaesata.
Marzia è avvezza a fare lavori di crescita su stessa, è consapevole del fatto che in quello che le è appena accaduto

lei sta probabilmente vivendo alcune proiezioni, ma al momento si sente come bloccata e sente solo la sua sofferenza. Le chiedo se in qualche modo si sente tradita da Stefano e, pensandoci un po' su, mi dice di sì ed il suo viso si riempie di lacrime. Evidentemente ha trattenuto molto dolore e probabilmente non solo a causa di quello che è accaduto con Stefano, ma con molta probabilità anche a causa di altri tradimenti subiti nel passato.
Le propongo un elenco di Fiori di Bach che possono assisterla in questo momento di passaggio e Marzia li accetta fiduciosa:

- **STAR OF BETHLEHEM:** per lenire il suo dispiacere e la sua delusione nei confronti del comportamento di Stefano e per lo "shock di essere stata tradita o sentirsi tradita", ed anche per la sua fatica ad accettare emotivamente ciò che è successo.
- **GENTIAN**: per il suo scoraggiamento e per il suo dispiacere di fronte a quamto avvenuto e per aiutarla a ritrovare la fiducia in se stessa e nella vita.
- **WILLOW:** per il suo atteggiamento un po' da vittima, per la rabbia ed il rancore che prova e per sentirsi trattata ingiustamente.
- **WALNUT**: per assisterla nel cambiamento in questa fase delicata della sua vita.

Marzia ritorna da me al termine della sua boccetta (25 giorni dopo). A vederla anche dalla postura e dal modo di fare sembra più serena. Appare decisamente più centrata. Mi dice che non si sente più una vittima di quello che è successo, che il suo scoraggiamento è passato e sente di aver ritrovato una buona dose di fiducia nella vita. Nel frattempo ha deciso di sospendere per il momento il ciclo

di meditazioni per guardarsi un po' dentro. Andando più in profondità Marzia ammette di provare ancora del dolore, un dolore che le sembra "quasi antico, che ogni tanto mi attraversa in sottofondo". Mi dice anche di avvertire a tratti un senso di solitudine e vuoto.
Le chiedo se si sono risentiti con Stefano e mi dice che lui si è rimesso in contatto con lei varie volte, anche se ha un po' glissato sull' accaduto, ma lei nonostante questo continua a sentirsi sola e in più sente di nutrire nei suoi confronti ancora del rancore e perfino dell' odio. Sente che tutto ciò è irrazionale ma vuole essere onesta e vera con i suoi sentimenti. Mi dice anche che Stefano le ha riproposto in maniera non proprio esplicita di riprendere insieme il progetto, e questo da un lato la lusinga, dall' altro la rende di nuovo confusa.
Dico a Marzia che la sua ferita è molto profonda e che questa occasione può essere un'ottima opportunità per iniziare ad affrontarla davvero ed a guarirla. Le propongo insieme al lavoro con i Fiori di Bach di lavorare sul suo Maschile e Femminile Interiore e le fornisco il contatto di un'ottima terapista che lavora in questo campo, e che conosco bene. Marzia è entusiasta dell'idea e mi comunica che lo farà.
Per la seconda boccetta di Fiori di Bach le propongo di togliere **Gentian** e di aggiungere all' elenco dei fiori già specificati sopra i seguenti nuovi fiori:

- **CHESTNUT BUD**: per aiutarla ad elaborare questa esperienza dolorosa del distacco e per trovare grazie all'esperienza stessa nuovi modi di relazionarsi, in questo specifico caso con il maschile.
- **HEATHER:** per attenuare il senso di solitudine che a tratti sente e per mettere nella giusta proporzione

quello che le è accaduto, facendola evolvere da piccola bambina bisognosa ad adulta capace di empatia e di immedesimazione.

- **HOLLY:** per il sentimento di odio che prova nei confronti di Stefano.

A due mesi circa dall' inizio della cura con i Fiori di Bach, incontro di nuovo Marzia.
La trovo solare e con un'energia molto più leggera e piena di dinamismo. Mi dice che ogni giorno si sente meglio e più in contatto con i suoi veri bisogni. Mi ringrazia molto per averle consigliato di seguire il percorso sul Maschile e Femminile Interiore, che sta ancora continuando. Ne è addirittura entusiasta.
Ha deciso di dedicare più tempo a se stessa, che vuole dipendere meno dagli altri. Con Stefano adesso si sente di rado, la rabbia ed il rancore nei suoi confronti sono quasi del tutto spariti ed è emersa in lei la comprensione che è importante che anche lui faccia il suo cammino da solo.
In questi mesi sente di essere maturata molto e nota quasi con stupore che il distacco da Stefano, che all'inizio le aveva causato molto dolore e riattivato antiche ferite, in realtà è stata per lei una grande opportunità per diventare più forte e sicura di sé e per aprirsi nuove strade e nuove conoscenze. Mi informa felice che da quando Stefano è meno presente nella sua vita le opportunità di collaborazioni in campo olistico sono aumentate e che tra pochi giorni inizierà una serie di incontri per sole donne, con una serie di meditazioni e condivisioni, che condurrà insieme ad una collega. Marzia mi dice che i Fiori di Bach sono stati per lei "una benedizione" e se ne va dal mio studio raggiante e piena di gratitudine.

15. L'INGIUSTIZIA

"Là fuori, oltre a ciò che è giusto e a ciò che è sbagliato, esiste un campo immenso. Ci incontreremo lì"

- Rumi

L'ultima ferita che affrontiamo è quella dell'ingiustizia che, secondo gli studiosi della materia, si attiva nei primi anni di vita da un genitore o persona vicina dello stesso sesso. Al bambino in questione viene richiesto un grande sforzo per cercare la vicinanza del genitore, o di chi per lui, che gli ha arrecato tale ferita. Lo sforzo in particolare è quello di dover dimostrare di essere sempre all'altezza della situazione. Questo atteggiamento crea una sorta di competizione col genitore che avrà come conseguenza l'acquisizione, col tempo, da parte della persona ferita, della maschera della rigidità. Si assume la rigidità per difesa che sfocia molto spesso in tendenza al perfezionismo da un lato e da carenza di autostima dall'altro. In genere queste persone sono molto dinamiche, fanno molte attività che li portano anche a sfidare loro stessi in imprese aerobiche fuori dal comune. Eccellono un po' in tutto quello che fanno e, apparentemente, danno ai più l'idea di persone pacate equilibrate che sanno bene cosa fanno. In realtà, per essi, questa è una grossa compensazione al fine di difendersi da quanto subito dal loro genitore dello stesso sesso con il quale vivono per tutta la vita col desiderio di confrontarsi e competere. Per questa ragione queste persone vivono con la grande paura di poter sbagliare qualcosa. Esse devono dimostrare al mondo che sono bravi perché è così che sono stati allevati e cresciuti e ciò inevitabilmente le farà diventare rigide. Soffrono quando non eccellono e si autocriticano molto, sminuendo notevolmente il loro vero valore. Vivono come se dovessero costantemente dimostrare di essere al top psicofisico. Anche solo una piccola pecca nel loro standard di vita li può mandare in tilt. Per questi soggetti diventa fondamentale uscire con regolarità dallo schema.

PIÙ UNA PERSONA È RIGIDA PIÙ RISCHIA DI... FRANTUMARSI

Questo aspetto è fondamentale se vogliono cambiare e migliorare la loro qualità della vita. Anche perché non si rendono conto che non potranno mai competere con chi ha creato loro la ferita dell'ingiustizia. Infatti, è notorio che nessuno si può mai mettere in competizione con il proprio padre (se è un uomo) o con la propria madre (se è una donna). Ciò è biologicamente impossibile ed è questa la ragione per cui spesso ho notato, nella mia esperienza di terapista corporeo, che chi ha subito la ferita da ingiustizia va incontro a disagi osteoarticolari e in particolare alle ginocchia che rappresentano la capacità dell'individuo di flettersi di fronte alle difficoltà della vita. Secondo i geniali principi della Nuova Medicina del Dott. Hamer infatti, tutti i conflitti di auto svalutazione e paura di perdere trovano la loro soluzione biologica nel sistema osteoarticolare. Pertanto, se a livello inconscio non ci amiamo perché questa è la traccia che abbiamo ricevuto da bambini, la nostra autostima sarà molto bassa, a tal punto da farci cercare soluzioni fisiche che coinvolgano la nostra struttura corporea, destinata a disagi di vario genere. Più la svalutazione del sè è elevata e maggiore e profondo sarà il disagio a livello osteoarticolare. Pensiamo anche solo a una cosa: più una persona è rigida e maggiori sono le possibilità, in caso di caduta, di frantumarsi.

Per questa persona sarà quindi fondamentale farsi aiutare dal punto di vista psico-corporeo in modo da entrare in contatto da sola con la sua ferita, trovare la sua vera natura e ammorbidirsi in maniera da diventare gradualmente sempre meno rigida e critica con se stessa. Tutto questo favorirà un atteggiamento più fluido nei confronti della vita, consentendo alla persona di mostrare realmente la sua vera natura, portando alla luce le sue paure e fragilità senza alcuna perdita di controllo. Anche in questo caso una ferita può diventare un'opportunità di crescita e rafforzamento della persona. Il senso di ingiustizia genera normalmente molta frustrazione e rabbia in chi la subisce. Non è semplice dipanare una matassa fatta di tante difese onde evitare il più possibile la sofferenza diretta. Ci vuole, come sempre, molta pazienza e lasciare spazio alla persona coinvolta dalla ferita in modo tale da consentirle di far uscire fuori, lentamente e con i propri tempi e modi, il dolore. Ogni individuo ovviamente ha bisogno dei suoi tempi che saranno sempre diversi da tutti gli altri, la cosa importante come già sottolineato più volte, è farsi aiutare da persone giuste e competenti che, oltre alla loro capacità professionale, siano individui che lavorano su loro stessi senza soluzione di continuità.

Nell'estendere l'ambito dell'ingiustizia, come per tutte le altre ferite affrontate nel libro, a personaggi importanti che attraverso un grosso disagio hanno tirato fuori la loro vera natura e il meglio di loro stessi, ecco di seguito un ottimo esempio. Parliamo del numero uno al mondo della boxe mondiale, il più grande di tutti, Cassius Clay meglio noto come **Muhammad Alì**, lo straordinario pugile di colore americano noto in tutto il mondo non solo per le sue gesta sul ring ma anche e soprattutto per le sue idee antiviolente che lo hanno portato a disertare la guerra in Vietnam, ad anni di persecuzioni oltre che alla perdita del titolo mondiale dei pesi massimi.

Muhammad Ali nasce con il nome di Cassius Marcellus Clay il 17 gennaio 1942 a Louisville, Kentucky, primo figlio di Cassius Clay Sr. e di sua moglie Odessa. Odessa ha la pelle chiara, perché ha una linea di sangue bianco nella sua famiglia d'origine e lavora come cuoca e domestica per le famiglie dei ricchi bianchi della città. È stata lei a insegnare il valore della dignità ai propri figli e molti pensano che Ali abbia preso da lei il suo buonumore. Nel mese di ottobre del 1954 il giovane Clay scopre che qualcuno gli ha rubato la bicicletta nuova rossa fiammante che il padre gli aveva appena regalato. Frustrato e pieno di rabbia il giovane, allora dodicenne, si rivolge al capo della polizia locale, Joe Martin, un bianco appassionato di boxe che all'epoca gestiva una piccola palestra locale. Alì dice a Martin di voler trovare il ladro della sua bicicletta per poterlo picchiare a dovere e il poliziotto appassionato di pugilato gli fa capire che se lo vuole davvero fare deve prima imparare cosa significa combattere e tirare pugni. Vedendo il fisico e la magnifica agilità del giovane ragazzo di colore lo convince a iscriversi alla sua palestra e a imparare a boxare. Da lì in poi inizia la parabola straordinaria di Cassius Clay prima e Muhammad Alì poi. A 18 anni è già sul gradino più alto del podio alle olimpiadi di Roma nel 1960 e negli anni a venire diventerà campione del mondo dei pesi massimi a soli 22 anni, raggiungendo una fama mondiale che mai nessun pugile della storia aveva raggiunto, anche dovuta al suo incredibile carisma di personaggio scomodo fuori dagli schemi. Alì per tutta la sua vita dovrà lottare per combattere contro il razzismo e il senso di ingiustizia, mai però tirandosi indietro e cogliendo ogni occasione di disagio e conflitto per affermare se stesso e gli ideali di libertà che da sempre ha coltivato nel suo cuore. L'imprinting che il più grande campione di boxe del mondo ha subito fin da ragazzo è stato quello dell'ingiustizia e così, come sempre accade, la coazione a ripetere ha continuato a perseverare per tutta la sua vita. Soltanto dopo molti anni, infatti, egli diventò una vera e propria icona per qualunque uomo o donna di colore degli Stati Uniti e una bandiera pacifista per tutta la gente che si schiera apertamente contro la guerra.

Già quando tornò vincitore dalle olimpiadi con la medaglia d'oro al collo si dovette scontrare con episodi di razzismo proprio nella sua città d'origine. Lui, così orgoglioso di rappresentare il suo paese e di sconfiggere atleti dell'est europeo (appartenenti a paesi palesemente schierati contro gli USA in quegl'anni), rimase sconcertato quando, presentandosi nel miglior ristorante di Lousville, gli fu impedito di ordinare e di mangiare solo per il colore della sua pelle, nonostante Clay avesse rappresentato al meglio e al massimo il suo paese d'origine; questo fatto lo colpì e lo fece arrabbiare molto, al punto tale che decise di buttare la medaglia d'oro nel fiume della sua città. Il tema dell'ingiustizia aveva appena iniziato la sua parabola che raggiunse il massimo quando, dopo aver cambiato nome e fede religiosa diventando **Muhammad Alì e** aderendo a una setta islamica votata al separatismo nero, nel 1967 si rifiutò di entrare a far parte dell'esercito americano che lo aveva chiamato alle armi per inviarlo in Vietnam.

Muhammad Alì

Avvicinatosi prima al sunnismo e poi al sufismo, Alì fu arrestato, gli furono tolti i titoli mondiali vinti e gli fu impedito di combattere per i successivi quattro anni, ma non mollò mai la presa contro l'ingiustizia ricorrendo addirittura alla Corte Suprema degli Stati Uniti che nel 1971 annullò la sentenza consentendogli nuovamente di tornare a combattere a riprendersi la corona mondiale dei massimi. Questo fatto gli consentì di diventare a tutti gli effetti uno degli eroi e paladini della libertà di quei controversi e cruciali anni. Fu l'unico pugile della storia e diventare campione del mondo in tre periodi diversi: nel 1964, nel 1974 e nel 1978. Il suo modo di affrontare le conferenze stampa prima e dopo i suoi match lo resero famoso; irriverente e stravagante fu il primo atleta a parlare in interviste ufficiali anche di questioni extra sportive. Nel corso della sua vita si è sempre schierato dalla parte dei più deboli e a costo di pagare di persona non è mai sceso a compromessi. Questo suo modo di agire inconfondibile dentro e fuori dal ring gli fecero guadagnare l'appellativo di "The greatest", "Il più grande". Col tempo è diventato il simbolo del riscatto di tutti gli afroamericani che lo adorano tutt'ora.

L'esempio di Alì e il suo rapporto con l'ingiustizia è davvero unico e straordinario ma riflettiamo anche soltanto un attimo su dove tutto è iniziato: il furto della bicicletta nuova fiammante regalatagli dal padre pochi giorni prima. E se quella bicicletta non fosse mai stata rubata? Avremmo magari avuto un "normale" ragazzo di colore cresciuto nella periferia di una sperduta città del Kentucky e nessuno saprebbe assolutamente nulla di lui? Perciò, per certi versi, benedetto fu quel furto altrimenti non avremmo mai avuto il più grande pugile dell'intera storia mondiale! Anche questo è un bellissimo esempio di come un disagio, un'ingiustizia si possa trasformare in opportunità e diventare forza a tutti gli effetti.

Se Muhammad Alì ha dovuto lottare contro l'ingiustizia emanata dai bianchi nei confronti di un afroamericano, ci sono esempi al contrario come quello della famosa cantante **Rihanna.** Nata nell'isola di Barbados il 20 febbraio 1988, la sua infanzia è stata molto difficile per le violenze subite, a causa della dipendenza dalla cocaina del padre, dal divorzio dei suoi genitori quando lei aveva 14 anni e da ripetuti episodi di bullismo a cui è stata esposta mentre era a scuola perché il colore della sua pelle era più bianco degli altri. Ciò dimostra che il razzismo e la discriminazione non hanno colore né latitudine, che sono fenomeni che toccano chiunque in quanto legati alla paura del diverso. Un istinto innato nell'essere umano involuto e ignorante che fa dell'egocentrismo il fulcro della sua vita. Queste le parole di Rihanna:

"Non capisco perché mi prendevano sempre in giro
perché mi dicevano che ero troppo "bianca".
Per tutto il tempo della scuola mi hanno preso in giro
per il colore della mia pelle e per il mio seno."

Oggi lei, una tra le cantanti più famose del mondo, afferma con orgoglio di ripensare a quei tempi della scuola e ai suoi compagni come fattori fondamentali per la sua crescita. Rihanna dice che senza tutte quelle difficoltà non sarebbe mai diventata chi è, né sarebbe così forte, perciò si dice grata del comportamento dei suoi compagni di scuola.

Un'altra famosa pop star che ha dovuto lottare contro le umiliazioni e le ingiustizie del bullismo è Stefani Joanne Angelina Germanotta in arte **Lady Gaga.** Un naso troppo grande, una silouette non proprio longilinea, una ragazzina definita brutta e insicura che veniva vessata dai suoi compagni di scuola. Con tutto questo Lady Gaga ha dovuto confrontarsi attraverso sofferenze e difficoltà, ma con duro lavoro su se stessa e un percorso di trasformazione la giovane pop star di origini italiane ha trovato la sua rivincita sul bullismo subito nell'adolescenza che ha segnato fortemente la sua vita.

Ancora oggi i suoi amici più intimi la prendono in giro perché prima di salire sul palco sembra paralizzata, poi davanti a milioni di fans di tutto il mondo eccola che si trasforma nella sfrontata Lady Gaga. Oggi si augura che la sua storia possa essere presa ad esempio da tutte le ragazze e i ragazzi vittime di bullismo.

Lady Gaga

"Spero che tra venti anni la gente possa dire "Lady Gaga mi ha cambiato la vita e la sua musica mi ha dato un identità". "È importante allargare i confini di amore e tolleranza, diffondere uguaglianza e accoglienza per tutti gli studenti

esposti a ingiustizie. Lavorerò al massimo affinché il bullismo venga considerato un crimine.”
“La cosa più straordinaria della gentilezza è che è gratuita!”
(da un incontro pubblico di Lady Gaga con il Dalai Lama)

Un altro caso piuttosto singolare ed esaustivo sul tema del bullismo e delle ingiustizie subite che si sono rivelate in seguito una straordinaria risorsa riguarda il pluri medagliato nuotatore statunitense **Michael Phelps**. Da bambino veniva deriso dai suoi compagni per via della sua balbuzie, le sue orecchie a sventola e le sue lunghe braccia; sfogò tutta la sua rabbia andando a nuotare per diventare l'atleta che ha vinto più titoli, tra olimpiadi e campionati mondali, del pianeta, ben 23. In un'intervista ha dichiarato tutta la sofferenza subita e il senso di impotenza provato nel ricevere da piccolo tutta quella ingiustizia:

> *“Ora se ripenso a quei tempi mi viene quasi da ridere e sento quanto tutto il disagio subito mi abbia aiutato sistematicamente a diventare più forte.”*

Esistono altri casi famosi cui fare riferimento per il tema dell'ingiustizia subita da bambini.

Il calciatore argentino **Lionel Messi**, considerato troppo basso e tendente alla sindrome di Dawn, è stato emarginato per molto tempo dal suo primo allenatore e dai suoi compagni agli inizi della sua carriera al Barcellona. Al giorno d'oggi è considerato il più grande calciatore del mondo, vanta vittorie ed un numero infinito di premi e riconoscimenti a livello internazionale.

L'attore e produttore cinematografico, con tre nomination agli Oscar e tre Golden Globe vinti, **Tom Cruise,** affetto da dislessia, da bambino è stato oggetto di bullismo al

punto tale da dover cambiare ben 25 scuole prima di trovare un po' di pace.

Un'altra grande attrice, **Kate Winslet**, famosa per l'interpretazione di Rose nel film Titanic, nominata ben 9 volte agli Oscar e vincitrice di innumerevoli premi intenzionali, durante la sua infanzia è stata costantemente vessata dai suoi compagni di scuola per il suo sovrappeso.

Come si vede sono innumerevoli i casi in cui personaggi famosi hanno subito ferite e da quelle esperienze di sofferenza hanno tratto il meglio per trovare la loro strada. Come già sottolineato però è importante che ognuno di noi, nella sua esperienza personale, possa trovare figure di riferimento anche "normali", non necessariamente conosciute, onde trarre aiuto in casi di afflizione e difficoltà.

Avere riferimenti di personaggi famosi è fondamentale per l'inconscio collettivo in quanto possono diventare miti a cui rifarsi. Più una persona è conosciuta nel mondo e maggiore sarà l'impatto che potrà avere su chiunque desidera averci a che fare, in particolare indagando la sua biografia e la sua vita.

Naturalmente in questa società malata e distorta esistono anche molti miti negativi che continuano, a distanza di molti anni, a fare danni incalcolabili sui cervelli della gente. È meglio prendere in considerazione esclusivamente figure positive con la giusta motivazione in modo da avere dei benefici in cambio. Si deve comprendere una volta per tutte che la nostra vita, un passaggio effimero e breve su questo pianeta, è fatta già di per sé di luce e ombra. Nasciamo, viviamo tutta la vita possibilmente consapevoli che un giorno o l'altro dovremo morire. E così, tutto il nostro percorso è condizionato da questo importantissimo tema che i più, la maggioranza, rifugge, come se non si dovesse morire mai. Lo diceva anche Freud "La maggioranza della gente vive come se dovesse vivere in eterno." Credo sia fondamentale vivere tutta la nostra vita tenendo conto ogni giorno che essa, un giorno o l'altro finirà e che si deve sempre guardare al bene sapendo di fatto dell'esistenza del male. Luci e ombre si inseguono all'infinito come il giorno e la notte e se evitiamo di guardare le due facce della stessa medaglia con coscienza allora la nostra vita si riduce a una banale routine senza capo né coda.

L'INGIUSTIZIA – PIETRE E CRISTALLI

Nell'aiutare situazioni derivate da ferite emozionali legate al senso di ingiustizia, oltre al solito fondamentale sostegno di pietre e cristalli che migliorino l'autostima, è sicuramente benefico trovare giovamento da elementi minerali che donino forza e affermazione. Le persone in oggetto devono trovare risorse importanti che le aiutino a esprimere liberamente la propria verità, gestire forti emozioni distruttive e a non cadere nel ripiegamento determinato dalla frustrazione dettata da quanto accaduto. Per ognuno di questi aspetti vediamo quali sono le pietre o i cristalli da consigliare.

Come già visto in precedenza le pietre di color azzurro influenzano positivamente il centro energetico legato alla gola e quindi alla comunicazione pertanto anche in questo caso, se si tratta in particolare di donne, la **Crisocolla** può essere adatta da aiutare a esprimere liberamente la propria verità. Nel caso invece dell'uomo è consigliato l'uso della seguente pietra:

Amazzonite
Minerale dal bellissimo color verde turchese, a scapito del suo nome non viene estratto dalle foreste dell'Amazzonia, si trova principalmente in Perù. Difficile da trovare, questa pietra alla vista ricorda immediatamente i colori della profondità del mare. Per questo e altri motivi aiuta chi la indossa ad

esprimere e comunicare meglio all'esterno emozioni e temi importanti legati al proprio inconscio. Aiuta in particolare l'energia maschile, ma ovviamente visto il nome che porta anche quella femminile, a prendere le giuste decisioni e ad agire al meglio nella vita anche progettando in modo efficace il proprio futuro. L'amazzonite è una pietra che emana una forza potente, nello stesso tempo agisce da armonizzatore tra cuore e visione ed in più ha un'importantissima qualità: quella di aiutare la persona che ne fa uso a tenere bene i piedi per terra. Quindi un cristallo versatile forte e notevolmente duttile al fine di aiutare l'espressione, lenire il dolore e creare una nuova visione per il futuro. Molto utile quando intervengono evidenti divergenze nella vita di relazione, viene molto usata come protezione dalle radiazioni emanate dai cellulari e apparecchi simili. Un po' come la **tormalina nera** l'amazzonite porta con sé notevoli elementi di difesa dalle negatività in generale. Da usare per liberarsi dallo stress dovuto a traumi è davvero un ottimo aiuto per chi ha subito una profonda ingiustizia e vive nello sconforto e nella delusione. Insomma questa pietra è sinonimo di forza, difesa, purificazione, armonia, comunicazione e visione. Si può portare addosso come ciondolo o bracciale, oppure posto nell'ambiente in cui viviamo, ma in entrambi i casi, pur avendo una notevole energia, non crea alcun effetto collaterale.

Diaspro rosso

Famoso fin dall'antichità per le sue funzioni di protezione, stimolo al coraggio e alla saggezza, il diaspro rosso veniva usato tradizionalmente nei processi di guarigione, dai guerrieri per proteggersi in battaglia e dalle donne per stimolare la fertilità. Gli antichi Egizi, infatti, lo collegavano al fertile sangue di Iside. Gli Indiani d'America lo consideravano il simbolo del sangue di Madre Terra e lo usavano per stimolare salute, creatività e sistemi di interazione con la natura. Appartenente alla famiglia dei quarzi, il diaspro rosso deve il suo colore alla presenza di ossido di ferro. Rappresenta la pietra ideale per operare al meglio sul primo chakra o centro energetico legato in modo indissolubile alla terra, al radicamento e all'affermazione di chi siamo veramente. Per questo il suo utilizzo dona determinazione e stabilità e proprio come l'amazzonite vista in precedenza, ha una straordinaria capacità di armonizzare diverse funzioni aiutando a superare momenti difficili sia a livello fisico che mentale. Stimola inoltre passioni sopite e alimenta fortemente la creatività in qualunque campo.

Il diaspro rosso, con una forte connessione con la terra e quindi con il sostegno, l'accoglienza e il nutrimento, è molto indicato nelle fasi di convalescenza e di rigenerazione per chi è reduce da malattie debilitanti. È una pietra assai preziosa per le sue innumerevoli proprietà, dona protezione e forza, fermezza e asserzione, per questo è molto adatta in situazioni dove ci esponiamo a tentativi di dominio o siamo reduci da violenza subite sia fisiche che psicologiche. Il senso di ingiustizia crea sempre grande amarezza interiore che si trasforma in rabbia, il diaspro rosso aiuta sempre in questi casi a sciogliere e a trasformare forti disagi in notevoli risorse.

Questo cristallo rappresenta un valido aiuto nel momento in cui abbiamo perso la voglia di lottare, ci sentiamo apatici e senza più passione per la vita. Insomma quando tendiamo a ripiegarci su noi stessi. Usiamo quindi il diaspro rosso per riaccendere creatività e giusta azione mantenendo un ottimo grado di difesa e protezione. Un ottima possibilità di utilizzo di questa potente pietra è nella meditazione: esso infatti aiuta a bilanciare l'energia femminile con quella maschile, attiva fortemente dalla base sacrale la Kundalini (forza spirituale innata che convoglia energie di illuminazione), e favorisce un'elevata coscienza spirituale. Essendo intimamente connesso con la terra, il diaspro rosso si può dire benefico per chiunque abbia il desiderio e l'intento di utilizzarlo come ottimo alleato. Si consiglia di portarlo come bracciale, collana o anello, oppure semplicemente addosso dopo averlo adeguatamente purificato e caricato.

Rodonite

La rodonite, che ha origini di tipo idrotermale o metamorfico, è un minerale di colore rosa ma presenta anche screziature nere per via degli ossidi idrati di manganese al suo interno. È composta anche di calcio e può contenere anche tracce di altri minerali, come il magnesio.

Si trova in varie parti dell'Italia e anche in Svezia. È rintracciabile anche in Madagascar, Tanzania, India, Canada, Australia e USA. Secondo alcune leggende rappresenta la pietra che aiuta la rappacificazione. In Russia ritenevano che la rodonite fosse in grado di donare ai bambini forza e coraggio.

È legata al quarto chakra, il centro energetico del cuore. Si consiglia quindi di indossarla come ciondolo. Nel **feng shui**, la tradizionale arte taoista di armonizzare la casa con l'ambiente, si suggerisce di posizionarla nella zona sud di una stanza per innescare il meccanismo di crescita a livello famigliare, al centro della casa perché tende a bilanciare le energie dell'ambiente.

Questo cristallo alimenta equilibrio e aiuta notevolmente a stimolare il coraggio ad andare avanti nonostante le difficoltà incontrate.

La rodonite risulta benefica sul sistema nervoso e su quello immunitario. Non solo, viene usato anche dalle donne che vogliono promuovere la loro fertilità. Pare inoltre che rafforzi anche il cuore e stimoli la circolazione. Favorisce la depurazione, in particolare delle vie urinarie quindi è drenante a livello renale. Vista la presenza nella pietra di manganese, si ritiene possa avere proprietà che velocizzano la guarigione di ferite e tagli.

Estremamente utile in caso di shock emotivo, la rodonite allevia ansia e stress, favorisce il perdono di se stessi, l'accoglienza di errori commessi e soprattutto la comprensione naturale che errare è umano. Nell'ambito della ferita da ingiustizia, come già sottolineato, emerge sempre un grande senso di frustrazione e rabbia che si può trasformare in rancore verso se stessi e gli altri. L'utilizzo di questa pietra può aiutare a liberare il dolore e a fare chiarezza sulla situazione di disagio che si sta vivendo. Tutto questo processo e lavoro di consapevolezza verrà aiutato a manifestarsi anche attraverso l'uso della rodonite, il cristallo che stimola, favorisce e accresce l'autostima.

L'INGIUSTIZIA E I FIORI DI BACH

Presentiamo di seguito un ultimo caso studio che mette ben in risalto l'utilizzo di alcuni Fiori di Bach per aiutare a guarire la ferita dell' ingiustizia.

> Rosa (44 anni), insegnante di educazione artistica, viene da me perché da qualche giorno non fa altro che pensare ad un episodio accadutole di recente. Da qualche settimana Rosa è ospite di un centro di meditazione, che è anche una piccola comunità di persone che vive insieme e si trova in un magico posto in campagna. Rosa, per le sue spese, ha un budget giornaliero non troppo alto ed ha chiesto di poter soggiornare, pagando, in una delle tende fornite dall'organizzazione. Partecipa alle attività olistiche del centro e spesso per i pasti si arrangia comprando delle cose al supermercato.
> Da qualche giorno ha conosciuto un gruppo di persone simpatiche che la sera si ritrova a mangiare insieme al ristorante del centro. Rosa è molto tentata di unirsi al gruppo, ma dall' altro lato sa che ha una bassa disponibi-

lità economica. Decide allora di vedere giorno per giorno e, se se la sente, di prenotare il giorno stesso, d'altronde le regole per gli ospiti del centro lo permettono! Per tre sere consecutive sente di voler cenare con i suoi amici ed è molto contenta. La terza sera si accorge di non avere ancora pagato la cena, di solito lo fa nel pomeriggio, sono le 21 e l' ufficio è aperto e decide di passare per pagare. La receptionist è diventata una sua amica e c'è un rapporto affettuoso tra loro. Quando Rosa le dice che deve pagare la receptionist esplode urlandole contro e trattandola in malo modo, le dice che non va bene presentarsi in ufficio a quell'ora e che prenota sempre all'ultimo minuto. Rosa è sorpresa e non riesce a capire cosa abbia fatto di male, lei ha sempre rispettato le regole del centro ed è sempre stata carina e gentile con tutti. Da un lato è sorpresa e addolorata, dall'altro si sente in colpa per aver commesso qualcosa, ma non sa neanche lei cosa sia. Al tempo stesso prova del rancore nei confronti della sua amica alla reception, perché è stata dura ed ingiusta con lei. Rosa prova un sentimento quasi di volergliela far pagare. Mi racconta tutto questo in lacrime, sembra che il dolore in lei sia molto forte. Le chiedo se le viene in mente qualche episodio dove da piccola ha provato qualche emozione simile. Dopo averci pensato un po' su Rosa mi dice che da bambina capitava spesso che la mamma l'accusasse di cose che non aveva fatto.

Questo ultimo punto spiega molto...

Ecco i Fiori di Bach che le ho consigliato:

- **STAR OF BETHLEHEM**: per guarire il dolore provocato dalla ferita dell'ingiustizia sia del passato che del presente, ed anche per lenire lo shock provato da Rosa a causa dell' attacco inaspettato della receptionist.

- **PINE:** per il suo sentirsi in colpa e per il suo prendersi addosso tutta la responsabilità dell'accaduto. Sentirsi in qualche modo non meritevole.
- **WILLOW:** per il rancore che prova nei confronti dell' amica receptionist.
- **HOLLY:** per la rabbia che prova di fronte all' ingiustizia subita e per il sentimento di volersi quasi vendicare.

Quando ci siamo sentite, circa 10 giorni dopo, Rosa sembra decisamente più tranquilla e serena. Mi dice che il dolore è quasi passato e pensa molto meno all'accaduto; quando le capita di passare davanti alla reception si accorge che la sua amica è in realtà sempre molto nervosa e tratta un po' male tutti.
Ci risentiamo una seconda volta dopo 4 settimane, al termine della boccetta. Rosa è ancora al centro di meditazione e ha deciso di restarvi almeno ancora 1 o 2 mesi. Da qualche giorno è stata presa come volontaria ed è molto contenta.
Mi dice che sente che i Fiori di Bach l'hanno veramente aiutata a ritrovare la fiducia e in se stessa e a dipendere meno dall'approvazione da parte degli altri. Aggiunge anche di sentire che il lavoro con i fiori l'ha resa più consapevole di alcuni suoi atteggiamenti e modalità di comportamento che non le sono più d'aiuto e che è decisa a voler portare più luce su di essi. In particolare si è accorta che ha voglia di portare luce sul rapporto che negli anni ha costruito con sua madre e che presto parteciperà ad un corso su questo tema proprio organizzato dal centro di meditazione dove adesso fa la volontaria. Aggiunge che è davvero molto felice di avere questa nuova consapevolezza. Mi ringrazia e mi dice che presto mi ricontatterà per una nuova sessione.

16. FERITE, RISORSE E EFFETTO PLACEBO: I CASI DI NORMAN COUSIN E LOUISE HAY

"La vita è un'avventura nel perdono"

- Norman Cousin

"L'amore è la grande cura meravigliosa. Amare noi stessi compie miracoli nelle nostre vite"

- Louise Hay

Per diversi anni ho seguito un monaco Buddhista giapponese della tradizione esoterica Shingon, il **Rev. Jomyo Tanaka**, il quale passò alcuni anni in India, alla ricerca dei luoghi sacri dove Buddha Sakyamuni visse oltre 2.500 anni fa. Vigendo, purtroppo, nel continente indiano ancora il sistema delle caste, le classi più povere devono arrangiarsi al meglio per farsi aiutare in caso di necessità. I monaci buddhisti, per loro scelta e vocazione, sono aperti a aiutare chiunque e nella fattispecie anche i poveri indiani che non possono, loro malgrado, usufruire tra le varie cose anche di consulti medici. Un giorno si presentò davanti al Maestro una donna che chiedeva aiuto per un forte mal di denti, egli le consigliò vivamente di prendere un certo rimedio e la tranquillizzò sul fatto che sarebbe stata sicuramente meglio. Appena la donna se ne andò il monaco si rese conto di aver completamente sbagliato medicamento.

UN ATTEGGIAMENTO POSITIVO GIOVA SEMPRE IN QUALCHE MODO

Quanto aveva consigliato alla povera donna era un rimedio per la pelle che non c'entrava proprio nulla con il mal di denti, ma la donna era talmente convinta sulla bontà del consiglio ricevuto che ebbe comunque ottimi risultati e pochi giorni dopo tornò dal Rev. Tanaka inchinandosi e ringraziandolo molto per il consiglio datole che aveva funzionato. Questo tipo di reazione viene definito *"effetto placebo"*, indica il miglioramento tangibile da parte di un paziente dopo aver assunto rimedi senza alcun principio attivo, oppure come nel caso della donna indiana in seguito all'assunzione di altri farmaci che nulla hanno a che vedere con la patologia in questione. Tutto dipende infatti esclusivamente dalla quantità di fiducia che chi assume il prodotto ripone in chi glielo ha prescritto. È stato comprovato che l'organismo, coinvolto in un forte impatto di fiducia, produce grandi quantità di endorfine stimolando fortemente il sistema nervoso centrale, endocrino e immunitario. Ciò dimostra ulteriormente che avere un atteggiamento positivo nei confronti di qualunque situazione giova sempre in qualche modo.

Nel corso di tanti anni di studio e lavoro mi è capitato di imbattermi in straordinari personaggi che attraverso le loro innumerevoli difficoltà hanno saputo, a qualunque età, trasformare enormi disagi in eccezionali risorse, in particolare utilizzando il pensiero positivo, aprendo in seguito il campo a nuovi modelli di interazioni virtuose e aiutando milioni di persone a ritrovare salute e gioia. Il tutto senza escludere i risvolti positivi dell'effetto placebo.

È il caso del grande scrittore, diplomatico e giornalista americano **Norman Cousin,** famoso per le sue battaglie pacifiste e non violente; è stato il primo a decodificare il legame esistente tra pensiero positivo e salute e a ispirare la nascita di una nuova scienza: la ***PsicoNeuroImmunologia PNEI*** e lo ***yoga della risata*** famosi in tutto il mondo.

UN FORTE DISAGIO DERIVANTE DALLO STRESS

Tutto iniziò quando Cousin, nel periodo della guerra fredda, era in viaggio di lavoro nella ex Unione Sovietica; fu colpito da una febbre altissima che lo costrinse al ricovero e gli fu diagnosticata una malattia terribile autoimmune altamente invalidante: la spondilite anchilosante. In pratica tutti i suoi tessuti si stavano scollando, il tessuto connettivo della colonna vertebrale si stava disintegrando e, secondo la prognosi tradizionale, gli rimaneva ben poco tempo da vivere. Sapeva benissimo che gran parte del suo disagio derivava dall'enorme quantità di stress assorbito in quel periodo in cui doveva mediare tra la posizione politica americana e quella sovietica attraverso un ruolo di elevata e delicata responsabilità. Imbottito di farmaci e sottoposto a prelievi continui di sangue, un giorno Norman decise di averne abbastanza dell'ospedale.

Firmò quindi le dimissioni volontarie e si trasferì assieme a un suo amico medico e a un'infermiera in un hotel poco lontano dall'ospedale. Grazie ai suoi numerosi studi pregressi egli sapeva benissimo che un atteggiamento positivo rispetto alla malattia può condizionarne notevolmente il decorso fino a portare alla guarigione e che, allo stesso tempo, un approccio negativo al disagio e alla vita possono condizionare in maniera capillare le risposte del sistema endocrino e immunitario.

Norman Cousin
(Photo by Steve Keull)

"Inevitabilmente mi venne fatto di pormi la domanda: E le emozioni positive? Se le emozioni negative provocano reazioni chimiche negativa sull'organismo, le emozioni positive non potrebbero generare reazioni in positivo? L'amore, la fede, il ridere, la fiducia, la volontà di vivere non potrebbero avere un valore terapeutico?"

Convinto del suo pensiero iniziò a guardare con una certa regolarità film comici dei fratelli Marx e a leggere esclusivamente libri che fanno ridere. Con sua somma sorpresa notò che ogni volta che si sottoponeva a 10 minuti di risate il suo sonno senza dolore aumentava di due ore e che l'indice di scollamento dei tessuti diminuiva di qualche punto dopo ogni singola sessione di risate, mantenendosi stabile.

Un'altra cosa che Cousin notò dalle sue continue analisi del sangue fu il basso valore di vitamina C e decise quindi di assumerne in grosso quantità via fleboclisi.

Si fece dunque iniettare in vena elevate quantità di acido ascorbico, vitamina C e si rese conto che dopo le prime somministrazioni l'indice di sedimentazione dei globuli rossi responsabile dello stato infiammatorio si era abbassato di quasi 10 punti. Sempre più convinto del suo agire, Cousin chiese che gli venissero aumentate le dosi di vitamina C.

> *"Nel frattempo la routine delle risate continuava. Alla fine dell' ottavo giorno riuscii a muovere i pollici senza dolore. A questo stadio l'indice di sedimentazione era circa 80 e andava calando rapidamente. Non potevo essere sicuro ma mi sembrava che i noduli sul collo e sul dorso delle mani si stavano rimpicciolendo. Per me non c'era dubbio che avevo imboccato la strada del ritorno alla guarigione. Potevo di nuovo "funzionare" e questa sensazione era indescrivibilmente bella."*

Un altro aspetto che Cousin prese in seria considerazione come risorsa importante ai fini della sua guarigione è proprio quello dell'effetto placebo citato in precedenza che allora, nel 1964, era sconosciuto. Fu lui a gettare la basi per l'individuazione di questo risvolto importante della nostra vita.

Infatti si rese conto sempre più che la convinzione di quello che stava facendo per guarire era talmente elevata da produrre reazioni positive al suo organismo. Questo è un tema fondamentale quando si affronta il tema della malattia e della guarigione. Nel corso degli anni a venire, dopo l'esperienza di Cousin, la scienza ufficiale si è resa conto dell'esistenza dell'effetto placebo e molti endocrinologi di fama internazionale hanno affermato l'esistenza di una connessione tra la ghiandola pituitaria e quella pineale che determina un forte impatto su tutto il sistema endocrino e di conseguenza su quello immunitario. Ecco spiegata la tesi sostenuta dal Dott. Hamer secondo la quale le metastasi tumorali non sono altro che altri tumori che si formano come soluzione biologica nel momento in cui al paziente oncologico viene comunicata l'infausta prognosi. Appena il malato riceve la brutta notizia si innescano al suo interno una serie di reazione biochimiche che abbassano immediatamente le difese immunitarie dell'organismo, determinano alterazioni importanti su tutti i principali sistemi del corpo umano e inibiscono fortemente la ripresa favorendo l'insorgere di nuove masse tumorali. Secondo il Dott. Hamer quindi le metastasi secondarie al tumore non sarebbero altro che altre malattie che si innescano all'interno del paziente per la paura di morire.

C'è pertanto una certa assonanza tra il pensiero di Cousin e quello di Hamer: entrambi hanno compreso come gran parte dei nostri problemi di salute, a tutti i livelli, passi sistematicamente dal cervello e dal sistema nervoso. Il pensiero è assai più potente di quanto si creda, basta leggere il meraviglioso libro di **Bruce Lipton "La Biologia delle credenze"** (Macro Edizioni, Cesena, 2006) dove viene spiegato in dettaglio, anche con prove scientifiche vista le conoscenze dell'autore, come il pensiero sia in grado di variare e condizionare il DNA. Ciò ci fa capire come l'intenzione sia assai più potente dell'azione, per cui è bene stare sempre molto attenti a cosa si pensa e a come lo si fa. Le parole possono diventare uno strumento che può guarire o fare danni. Non è casuale che la prima forma di cura terapeutica nel mondo, precedendo il brodo di pollo e l'aspirina, sia la preghiera. In tutto il nostro pianeta esistono gruppi, a prescindere dal credo religioso, dalla forma in cui ogni singola persona si esprime e dall'appartenenza sociale, che si riuniscono per inviare pensieri di guarigione ad amici, famigliari o altri esseri che si trovano in seria difficoltà. È

Louise Hay

stata appurata più volte l'efficacia di tale pratica seguita da milioni di persone nel mondo.

Un'altra straordinaria protagonista di livello mondiale che, dopo aver patito incredibili sofferenze, attraverso l'enorme lavoro svolto su di sé e l'uso delle parole positive è riuscita ad arrivare al cuore di miliardi di persone è la grandissima **Louise Hay,** che all'età di 67 anni con suo "**Puoi guarire la tua vita"** (My Life Edizioni) ha venduto oltre 50 milioni di copie in tutto il mondo (*Macro ha pubblicato un DVD con lo stesso titolo e contiene oltre 300' di seminario condotto da Louise Hay - info: http://bit.ly/2FAaQsL - N.d.E.*). Una cosa che definire straordinaria è davvero poco. Anche nel caso di questa meravigliosa donna tutto nasce dalle grandissime sofferenze a cui ha dovuto far fronte fin da piccola.

Nata nel 1926, Louise ha avuto un'infanzia molto delicata e difficile; nata da una madre poverissima ha subito continue violenze dal patrigno e un abuso sessuale a soli 5 anni da un vicino di casa. Lascia la scuola quando ha 15 anni perché rimane incinta e quando partorisce una bambina questa viene data in adozione perché il padre della neonata l'abbandona e lei non è in grado di sostenere economicamente la situazione. Dopo questa esperienza fa diversi lavori umili e frequenta uomini che le usano violenza finché, nel 1950 dopo aver cambiato nome, lavora come modella per alcuni anni e nel 1954 sposa un ricco signore britannico che dopo 14 anni di matrimonio la lascerà per un'altra donna. Tale avvenimento risulterà determinante ai fini delle sue scelte di vita. Infatti, dopo un periodo di profonda depressione che l'ha fortemente devastata, inizia a frequentare la First Church of Religious Science di New York che si rileverà fondamentale nel dare una svolta alla sua vita. Rimane profondamente colpita dagli insegnamenti che riceve regolarmente nel contesto di questa organizzazione religiosa, fondati sull'infinito potere che la mente è in grado di esercitare sulla nostra vita. Studia testi e segue insegnamenti di metafisica e meditazione trascendentale, incentrati sull'infinita capacità della mente di influenzare la vita a ogni livello.

Nel 1976, all'età di 50 anni, su costante richiesta delle persone che con lei frequentano la comunità a New York, pubblica la sua prima opera "***Guarisci il tuo corpo***", un piccolo librino che contiene un elenco di malattie con accanto i motivi psicologici, le attitudini sbagliate che le possono creare e i consigli attraverso le affermazioni positive che sono in grado di invertire la tendenza e aiutare il percorso di guarigione.

Nell'anno successivo alla Hay viene diagnosticato un tumore all'utero, che lei riconosce subito come diretta conseguenza di tutto il risentimento ancora covato al suo interno per tutte le sofferenze subite fin dalla sua infanzia e non ancora elaborato e superato. Inizia un grosso lavoro su di sé finalizzato al lasciare andare rancore e rabbia e coltivare perdono e accoglienza, utilizza esclusivamente terapie naturali attraverso un'alimentazione sana e trattamenti olistici sul corpo. Rifiuta completamente le cure tradizionali e lavora soprattutto sulle affermazioni positive atte a sciogliere i nodi pregressi e a rinnovare fino in fondo la sua energia vitale. Nel giro di poco tempo guarisce completamente e inizia a dare sostegno ai malati di AIDS invitandoli nel salotto di casa dove impartisce i suoi preziosi insegnamenti. Col passare del tempo, attraverso il passaparola, diventa molto conosciuta e viene invitata a parlare di fronte a platee sempre più estese. A questo punto, nel 1984, dopo aver rielaborato i contenuti del suo primo libro, pubblica "***Puoi Guarire la tua vita***" ottenendo un successo straordinario. Il libro infatti, tradotto ed editato in oltre trenta paesi, ha venduto fino ad oggi ben 50 milioni di copie in tutto il mondo. Naturalmente dopo questo incredibile successo editoriale la vita di Louise cambia notevolmente dal punto di vista economico, al punto da vederla impegnata nella creazione di una Fondazione che aiuta le persone in difficoltà a curarsi e di una casa editrice, la Hay House, che pubblicherà anche i libri di grandi personaggi come **Greg Braden e Bruce Lipton**. Ha lasciato il corpo nell'agosto del 2017 all'età di 90 anni.

Ecco alcuni estratti significativi tratti dal libro "Puoi Guarire la tua Vita":

"Quale di queste affermazioni vi appartiene? «Sono tutti pronti a saltarmi addosso». «Ricevo aiuto da parte di tutti». Ognuna di queste convinzioni creerà esperienze assolutamente differenti. Per noi si avvera ciò che crediamo di noi stessi e della vita. L'universo ci sostiene totalmente in ogni pensiero in cui scegliamo di credere. In altre parole, la mente subconscia accetta qualsiasi cosa scegliamo di credere. Entrambi i concetti significano che, per me, si avvera ciò che io credo di me stesso e della vita. Per te, si avvera ciò che tu scegli di pensare di te stesso e della vita, e abbiamo scelte illimitate riguardo a quello che la mente può produrre. Quando ci rendiamo conto di ciò, ha più senso preferire «Ricevo aiuto da parte di tutti» piuttosto che «Sono tutti pronti a saltarmi addosso»."

"La maggior parte di noi ha idee assurde su chi siamo e molte, molte regole rigide su come la vita dovrebbe essere vissuta. Non condannatevi, poiché ognuno di noi fa del proprio meglio. Se avessimo una maggiore conoscenza, se dimostrassimo una maggiore comprensione e consapevolezza, ci comporteremmo in maniera differente. Per favore non deprimetevi per essere al

punto in cui siete. Il fatto stesso che abbiate trovato questo libro e che mi abbiate scoperta, significa che siete pronti a fare un nuovo cambiamento positivo nella nostra vita. Apprezzatevi per questo. «Gli uomini non piangono!» «Le donne non sanno gestire il denaro!» Che idee limitanti con cui convivere!"

La vita, gli insegnamenti e l'esempio straordinario di Louise Hay rappresentano davvero la metafora di come anche da situazioni devastanti e dolorose si possa rinascere a nuova vita e donare ancora tanto a se stessi e al prossimo. Se prendiamo in considerazione il percorso di questa donna fenomenale troviamo che ha subito in maniera devastante tutte le 5 ferite. Infatti è stata abbandonata, rifiutata, tradita, umiliata più volte e ha subito ingiustizie di ogni genere ma ne è venuta fuori, anche attraversando una malattia grave dalla quale è guarita in primo luogo scoprendo quelle che erano le vere ragioni del suo problema. Soprattutto ella ha dato dimostrazione di come la mente possa aiutarci a cambiare e a curare anche i più profondi disagi, incluse malattie gravi. Tutto ciò ha del miracoloso ma i modelli di vita che sia Cousin che Hay ci hanno lasciato in eredità sono preziosi e vanno divulgati e onorati al massimo.

Naturalmente, è bene sempre sottolinearlo, non sempre purtroppo il destino ci riserva, a monte di gravi difficoltà, rinascite e trasformazioni positive di eventi devastanti. Credo sia molto importante, però, tenere sempre accesa la fiamma della speranza. A volte non basta una vita per sanare le proprie ferite, è un delicato percorso che l'anima fa e che dobbiamo in qualche modo affrontare. Viviamo in un mondo per la gran parte preso dal delirio pressante del produrre e consumare, del più ho dal punto di vista materiale e meglio sto: così ho la sensazione illusoria di vivere più a lungo e per certi versi di non morire mai. E sia chiaro qui non si tratta di demonizzare il materialismo, si può vivere ed essere felici sia avendo beni materiali o meno, tutto dipende dal valore e dalla motivazione che diamo alle cose. Visto che la sofferenza tocca tutti prima o poi, conoscere esperienze straordinarie come quelle di Norman Cousin e Louise Hay può davvero essere utile e prezioso per chi, in un certo momento della vita, si sente afflitto e apparentemente senza via di uscita.

LA POLARITÀ TRA UOMO E DONNA, MASCHILE E FEMMINILE, PADRE E MADRE

Ho volutamente citato i casi di Cousin e Hay nello stesso capitolo perché sono un fervente assertore della essenziale necessità di creare il più possibile la polarità tra uomo e donna, maschile e femminile, padre e madre. Pur considerando che ognuno di noi, a prescindere dal suo sesso di genere, è espressione di maschile e femminile al suo interno, dobbiamo riconoscere che la nostra vita, la nostra educazione e crescita hanno a che fare sempre con una figura paterna e una materna come naturale espressione di polarità. Quando la polarità viene a mancare, come nel caso di chi cresce senza uno o entrambi i genitori, allora la persona in questione farà molta fatica a integrarsi nel mondo circostante. Sebbene abbiamo visto, nel caso di Leonardo, che a volte il grande disagio della mancanza della madre possa creare incredibili risorse e straordinari risultati, la nostra società evita accuratamente di seguire, in ambito educativo scolastico, il principio della polarità. Normalmente abbiamo esclusivamente maestre oppure maestri nella scuola dell'infanzia e nelle elementari. Sarebbe molto meglio e maggiormente istruttivo per i bambini, nella stessa classe, avere come educatori sia figure maschili che femminili. La vita è polarità, veniamo concepiti da due entità energeticamente opposte e complementari pertanto soprattutto nella delicata fase della crescita abbiamo bisogno di essere seguiti da due figure e non solo da una.

A detta di **Alejandro Jodorowsky,** il grande regista scrittore tarologo e terapoeta cileno, tutta la nostra società dovrebbe prevedere il governo da parte di coppie: il Re e la Regina, il Presidente della Repubblica assieme alla Presidentessa, il Papa con la Papessa ecc. Credo fortemente, per mia esperienza diretta, nell'importanza della polarità anche in ambito terapeutico con persone che hanno subito violenze e abusi di ogni genere. Abbiamo visto come lo shock e il trauma siano manifestazioni che incidono fortemente sul corpo della persona, che deve essere aiutata a far emergere delicatamente il disagio profondo imprigionato in profondità a livello cellulare. Per sostenere e far tornare in una situazione di normalità queste persone è necessaria una grande presenza e altrettanta accoglienza da parte del terapista, oltre naturalmente al suo grado di professionalità. Nel caso di donne che hanno subito violenza e abusi ho notato che oltre ad avere accanto altre donne che le sostengano e aiutino in vario modo è molto utile e, a mio modesto parere, determinante, che vi siano anche uomini che portino con sé un maschile sano e accogliente basato sulla delicatezza e la comprensione. In questo modo si potranno davvero aiutare le donne che hanno subito violenze da uomini a elaborare meglio il trauma e a recuperare in misura sicuramente maggiore la loro relazione col femminile. Infatti è soltanto con un buon rapporto col maschile, che inizia in maniera sistematica con l'informazione ricevuta dal padre, che una donna determina una potenziale ottima relazione col proprio femminile. La stessa cosa ovviamente accade per gli uomini che, se riceveranno una sana informazione dalle madri, tenderanno a relazionarsi meglio col femminile nella loro vita e preserveranno un'ottima qualità del loro maschile. L'equilibrio è delicato e sottile e tocca ognuno di noi che siamo espressione reale di polarità fin dal nostro primo piccolo passo verso l'incarnazione: il concepimento, il momento più importante, assieme alla morte, della nostra vita. In questo mondo relativo là dove vi è polarità troviamo sempre vita e morte che altro non è che trasformazione indivisibile tra materia e spirito.

CONCLUSIONI

Nel citare tanti nomi di personalità conosciute e famose che, come esempi di resilienza, hanno tratto forza dalle loro ferite, ho certamente escluso tantissimi altri casi di altri personaggi che consiglio vivamente a tutti di considerare e studiarne le loro vite. Tra i vari cito: **Moshè Feldenkrais, Charlie Chaplin, Johnny Cash, James Brown, Andre Agassi**, e tanti altri.

Mentre scrivevo questo libro mi sono trovato spesso a riflettere sulla complessità del tema che ho deciso di sondare. Mi sono lanciato nel trattare argomenti delicati, cercando di accendere una nuova luce sul tema delle ferite emozionali, del trauma e del disagio, condizioni comuni a chiunque viva un'esperienza di incarnazione su questo minuscolo puntino azzurro sperduto nell'infinito cosmico e chiamato pianeta terra. È stato stimolante studiare e documentarsi sui tanti temi affrontati nello scritto, imparare molto dalla lettura di biografie di personaggi importanti, ma anche evocare, nello stesso tempo, figure di persone a me care, amiche, amici e conoscenti che direttamente ho visto come espressione delle ferite vissute e delle relative maschere psicologiche portate nella vita di tutti i giorni. Guardare e osservare come le esperienze di vita plasmino in modo sempre diverso ognuno di noi è stata per me fonte di grande insegnamento, ho imparato ancor di più come sia meraviglioso il conoscersi sempre meglio.

Muoversi delicatamente, con gentilezza e umiltà sul terreno del disagio esistenziale e rendersi conto che è un tema comune a tutti, incluse le persone famose che hanno fatto spesso la storia della nostra umanità, è stato un grande dono. Però il regalo più grande è il fatto che tutti i personaggi citati nel libro hanno trovato la loro strada, si sono realizzati oppure hanno determinato impulsi di arricchimento e cambiamenti positivi e di beneficio per tutto il mondo attraverso la resilienza. Questo a prescindere dal fatto che siano vissuti a lungo o meno, che si siano arricchiti o meno, che abbiano avuto una vita facile oppure no. Osservando da vicino ogni singola ferita ci si rende conto che chiunque, in qualche modo nella sua vita, passa attraverso l'abbandono, il rifiuto, il tradimento, l'umiliazione e il senso di ingiustizia.

Possiamo dire che ognuno nella sua storia personale porta con sé una o più ferite per così dire karmiche, derivate dal suo passato ancestrale e familiare e imperniate sul meccanismo naturale della coazione a ripetere. È molto importante rendersi conto che chiunque scelga, per qualsiasi recondita e misteriosa ragione, di fare una pur fugace apparizione sulla terra dovrà sempre affrontare il tema delle difficoltà onde potersi strutturare e rafforzare. Ciò a prescindere dal tipo di incarnazione scelta dalla singola anima o coscienza.

Alla fine la mia umile riflessione è la seguente: non importa assolutamente quanto una persona possa arrivare a vivere in termini di lunghezza della sua vita, quello che conta è la qualità del vissuto e che cosa ha lasciato. Se osserviamo bene la natura offre un ciclo di costante semina, germoglio, nascita, vita, crescita, evoluzione, morte e trasformazione.

In natura nulla si crea e nulla si distrugge

Come usava dire spesso **Gustavo Rol**, uno tra i più grandi e incredibili sensitivi e trasformatori della materia mai esistito, "*In natura nulla si crea e nulla si distrugge*". Spesso confrontandomi con colleghi e amici anche molto famosi è sorta la seguente considerazione "*Tra qualche anno nessuno si ricorderà di noi*". A parte il fatto che ciò risulta assolutamente e inesorabilmente veritiero, non è cercando di vivere il più a lungo possibile, magari coltivando il proprio orticello in piccoli paradisi naturali lontani dal caos della maggioranza, che la nostra vita assume più valore. Pur nel massimo rispetto delle scelte di ognuno la natura non sembra offrirci tale insegnamento, bensì ci esorta a cercare la qualità dei nostri brevi giorni sulla terra per donare qualcosa al mondo. Anche nella semplicità del nostro vivere quotidiano, aiutando chi soffre e sta male, donando una mano alle persone bisognose fossero anche i nostri vicini di casa.

Come usava dire spesso il grande **Tiziano Terzani** "*Il cuore ce l'abbiamo tutti allo stesso posto!*" Pertanto se avremo la fortuna di avere dei figli. avremo lasciato semi tangibili che potranno germogliare con la qualità di ciò che gli abbiamo insegnato attraverso il nostro esempio. Se poi i genitori lavorano molto su loro stessi cercando di armonizzare il loro proprio vissuto, sciogliendo nodi familiari pregressi, i loro discendenti ne avranno grande giovamento. I semi da lasciare possono essere tanti e non necessariamente tangibili, anche senza aver messo al mondo figli, si può scegliere di aiutare il prossimo diventando terapisti manuali oppure medici, infermieri, operatori sanitari, artigiani ma anche normali persone in contatto col pubblico in negozi, bar, supermercati, uffici, ecc. L'importante è coltivare la compassione amorevole che ogni singolo individuo porta con sé nel proprio cuore e essere brave persone, ma non perché ce lo dice un qualsiasi credo religioso. Nella mia vita ho conosciuto persone dichiaratamente atee ma con un cuore meraviglioso emanante infinita compassione per qualunque essere senziente.

Si può essere altamente spirituali senza necessariamente credere in alcun Dio. La grave malattia che ho contratto nel

2013 e di cui ho accennato all'inizio mi ha insegnato tantissimo e sono convinto che senza di essa non avrei mai tratto ispirazione per scrivere questo libro. Sono sempre più convinto che è solo con la difficoltà che possiamo crescere e rafforzarci, diventando via via più consapevoli di dove siamo e dove stiamo andando al fine di dare beneficio al mondo. Curiosità, ascolto, intraprendenza e umiltà a imparare sempre qualcosa di nuovo sono le risorse da portarsi dietro, nel proprio zaino, durante il nostro piccolo e importante viaggio. Se poi avremo la sorte di vivere a lungo, in salute e creativamente fino alla fine dei nostri giorni terreni, sicuramente avremo vissuto all'insegna della bellissima frase detta dal grande pittore **Francisco Goya** all'età di 92 anni *"Ecco un nuovo giorno, un'occasione irripetibile per imparare qualcosa di nuovo!"*

RINGRAZIAMENTI

Desidero ringraziare una serie di persone che mi hanno aiutato in modo determinante a scrivere questo libro e ad arricchirlo sia nella forma che nei contenuti. Per la forma, un grazie particolare va a **Sabrina Servucci** per il suo prezioso contributo di editing e organizzazione dello scritto, esercitato con passione insieme al suo lavoro di Operatrice Shiatsu e scrittrice. Sabrina è una di quelle persone che qualunque cosa faccia la fa sempre con amore; questo le rende onore ed io sono lieto di esserle amico da anni. Grazie alla carissima **Gabriella Caiazzo** per il suo eccellente apporto sul tema del trauma e del **Somatic Experiencing**. Gabriella non è solo un'ottima psicologa, operatrice Shiatsu e di Biodinamica Craniosacrale di cui è anche mia assistente nei corsi, ma soprattutto un'amica dal grande cuore che mi ha aiutato molto nei momenti delicati della vita. Sono grato a **Annarita Boccafogli e William Bettini** per la fraterna amicizia che ci lega da decenni e nella quale siamo cresciuti e evoluti nel tempo. A loro va il mio ringraziamento per i consigli e la consulenza sul tema delle pietre e cristalli che mi hanno aperto un mondo affascinante e stimolante di cui farò tesoro assoluto. Grazie a **Ilaria Darshana Caglieri** per i preziosi consigli sull'uso dei Fiori di Bach. A Ilaria va il merito di avermi dato ispirazione nello strutturare in modo creativo il contenuto. Sempre per i fiori grazie anche a **Angela Allasia**, mia cara cugina, con cui condivido da anni la passione per tutto ciò che concerne il mondo del naturale.

Un grazie particolare a Exit Enter e a Don Luigi Verdi

Sono estremamente grato per le immagini, sia di copertina che all'interno del libro, create da un giovane e affermato artista emergente: Exit Enter, uno tra gli street writer più famosi d'Europa. Il semplice fatto che lui utilizzi muri abbandonati, materiali di scarto per creare immagini evocative è di già di per se un emblema di resilienza. Laddove nessuno vuole guardare può nascere qualcosa di nuovo e di bello, proprio come il fiore del loto che tutti ammiriamo nella sua meravigliosa bellezza senza tener conto che le sue radici affondano nel fango. È la metafora espressa in modo eclatante, rimasta nella memoria collettiva della maggioranza degli italiani. dalle fantastiche parole di Fabrizio De Andrè "Dai diamanti non nasce niente, dal letame nascono i fiori." Trovo che Exit Enter, amatissimo dai giovani rappresenti benissimo con le sue immagini il tema della resilienza nei contenuti e nelle forme. Lui disegna e si ingegna a farlo di notte, quando la maggioranza della gente in genere non opera, e in luoghi abbandonati, muri vecchi, angoli bui di quartieri poco frequentati, pezzi di legno scartati e tanto altro. Tutto il suo lavoro consiste nel riportare a nuova vita luoghi e situazioni che altrimenti sarebbero sistematicamente trascurati. E come dice lui fa della sua opera la sua terapia facendo rivivere luoghi e oggetti abbandonati che tornano a risplendere di nuova luce.

Infine un grande e sentito ringraziamento va a **Don Luigi Verdi** il fondatore e rettore della bellissima fraternità di **Romena** nel comune di Pratovecchio (Ar), luogo magico dove da anni Gigi, come viene chiamato da tutti, porta avanti un incredibile e notevole lavoro di sostegno e supporto alla sofferenza e alla crisi. A Romena si ritrovano genitori che hanno perso i figli anche in situazioni tragiche di suicidio, gruppi di famiglie distrutte dal dolore che in questo posto di rara bellezza trovano vero conforto nell'ascolto e nel rispettoso silenzio. Gigi, un uomo proveniente da grandi sofferenze, che è riuscito a trasformare i suoi notevoli disagi in straordinarie risorse per metterle a disposizione di chiunque voglia fermarsi a riprendere fiato per poter continuare a vivere nonostante il dolore subito da traumi esacerbati. Per questo ho pensato a lui per la prefazione di un libro sulla resilienza, perché Gigi è, a mio parere, un meraviglioso e tangibile esempio di come siano forti le nostre debolezze.

L'AUTORE

Gioacchino *Ku* Allasia vive sulle colline pisane vicino al mare. Si interessa di discipline energetiche dal '79. Diplomato presso il *Kushi Institute* di Boston nel '84, ha tenuto corsi introduttivi e professionali di macrobiotica, shiatsu e Medicina Tradizionale Cinese in Italia e all'estero. Ha completato la formazione di Craniosacrale al *Milne Institute* di S.Francisco. Ha scritto Self-Shiatsu e Manuale di auto trattamento Craniosacrale editi da Macro Edizioni (di queste opere è stato prodotto anche un video), e i saggi: La forza delle mie mani (2012), Cascina Novecento (2015) e La Via del Ritorno alla Vita (2017) per Infinito Edizioni.
Fondatore e direttore per 14 anni della scuola Shiatsu-Ki di Firenze. Docente in Biodinamica Craniosacrale al Master di Medicina Integrata presso l'Università di Siena è stato Consigliere nell'Agenzia Regionale della Sanità per la Regione Toscana. Ha promosso la prima legge regionale che ha riconosciuto in Toscana le Discipline Bio Naturali nel 2005. Dal 2014 dirige la formazione di Biodinamica Craniosacrale presso l'Istituto Lama Tzong Khapa di Pomaia (Pi) benedetto e visitato regolarmente da S.S. il Dalai Lama.
Ha seguito per anni il monaco Shingon Rev. Jomyo Tanaka che nel '94 gli ha conferito il nome spirituale di ***Ku*** (vacuità).
Sono passati per le sue mani personaggi come Peter Gabriel, Stefano Bollani, Alejandro Jodorowsky, Zucchero, Oliviero Toscani e tanti altri.
Per ulteriori info **www.gioacchinoallasia.it**

INDIRIZZI UTILI

Gioacchino Allasia www.gioacchinoallasia.it
Istituto Lama Tzong Khapa Pomaia (PI) www.iltk.org
Fraternità di Romena (AR) www.romena.it
A.C.S.I Associazione Italiana Craniosacrale www.acsicraniosacrale.it
Somatic ® Experiencing Italia www.traumahealing.it
Dott.ssa Caiazzo Gabriella gabriellacaiazzo@alice.it
Anna Rita Boccafogli e William Bettini annarita.boccafogli@gmail.com
Ilaria Darshana Caglieri ilaria.caglieri@gmail.com

BIBLIOGRAFIA

Le 5 Ferite e come guarirle. Lise Borbeaux e G. Martinacci - Edizioni Amrita
Le 5 Ferite nuove chiavi di guarigione. Lise Borbeaux e L. Cisbani - Ed. Amrita
Manuale di Autotrattamento Craniosacrale. G.Allasia M. De Cillis - Macro Edizioni
Self Shiatsu. G. Allasia - Macro Edizioni
La Via del Ritorno alla Vita. G.Allasia, P. Palumbo, A.Scotto - Infinito Edizioni
Guarire se stessi. Edward Bach - Macro Edizioni
Edward Bach. Le Opere Complete - Macro Edizioni
Cascina Novecento G.Allasia - Infinito Edizioni
La Forza delle Mie Mani G.Allasia - Infinito Edizioni
Nel Grembo delle Ande A.Rita Boccafogli - Infinito Edizioni
Libera te stesso. Edward Bach - Macro Edizioni
I Dodici Guaritori. Edward Bach - Macro Edizioni
Essere Se Stessi. Edward Bach - Macro Edizioni
La Guarigione con i Cristalli. Katrina Raphael - Verdechiaro Edizioni
Guida Completa alle Griglie dei Cristalli. Judy Hall - Armenia Editore
L'Oracolo dei Cristalli Federico Bassetti - Edizioni Studi Interiori

Traumi e Shock Emotivi. Peter Levine - Macro edizioni
Come superare Traumi da Incidenti. Diane e Laurence Heller - Macro Edizioni
La Teoria Polivagale, fondamenti neurofisiologici delle emozioni, dell'attaccamento, della comunicazione e dell'autoregolazione. Stephen W. Porges - G. Fioriti Editore
Le Vere Origini delle Malattie. Antonio Bertoli - Macro Edizioni
L'Invenzione del Padre. Antonio Bertoli - Macro Edizioni
Come ci condiziona il modello familiare. Antonio Bertoli - Macro Edizioni
Le basi della Biodinamica Craniosacrale. F. Sills - Edizioni Na Me
Terapia Craniosacrale Biodinamica. M.J. Shea - Somatica Edizioni
Craniosacrale: principi e esperienze terapeutice. M. Kern - Edizioni Tecniche Nuove
L'Arte della Felicità. S.S. Dalai Lama Howard C. Cuttler - Mondadori Editore
L'Arte della Felicità sul lavor. S.S. Dalai Lama Howard C. Cuttler - Mondadori Ed.
Il Sole il Mio Cuore. Thich Nhat Han - Ubaldini Editore
L'Amore e l'Azione. Thich Nhat Han - Ubaldini Editore
Il Codice dell'Anima. James Hillman - Adelphi Editore
Leonardo e Io. Carlo Pedretti - Mondadori Editore
Leonardo, la pittura. Carlo Pedretti - Giunti Editore
Walt Disney, uomo, sognatore e genio. Michael Barrier - Edizioni Tunuè
Guarisci il Tuo Corpo. Louise L. Hay - My Life Edizioni
Puoi Guarire la Tua Vita. Louise L. Hay - My Life Edizioni
Guarisci Te Stesso. Louise L Hay, Dr. Monalisa Shulz - My Life Edizioni
La Volontà di Guarire, anatomia di una malatti., Norman Cousin - Armando Editore
La Passione di Artemisia. Susan Vreeland - Neri Pozza Editore
Viva la Vida! Pino Cacucci - Feltrinelli Editore
Un Altro Giro di Giostra. Tiziano Terzani - Longanesi Editore
Omeopatia, le magie dell'acqua che cura. Nicola del Giudice e Emilio del Giudice - Edizioni tecniche Nuove
Vieni chiunque tu sia – Luigi Verdi - Fraternità di Romena Onlus Editore
Mendicanti di Luce, risorgere dalle paure. – Luigi Verdi – Emi Editore
Sempre. – Maurizio Maggiani, Luigi Verdi – Chiare Lettere editore

INDICE
DEI PERSONAGGI FAMOSI CITATI

Segnaliamo alcuni dei personaggi famosi citati in questo libro:

Muhammad ALÌ 203
Michelangelo BUONARROTI 60
Norman COUSIN 218
Leonardo DA VINCI 128
Walt DISNEY 149
Lady GAGA 205
Artemisia GENTILESCHI 162
Louise HAY 222
Steve JOBS 126
John LENNON 127
Frida KHALO 166
Marylin MONROE 126
Alessandro ZANARDI 185
Mark ZUCKERBERG 178

INDICE

Prefazione *di Luigi Verdi* ... *5*
Premessa ... 7
Introduzione ... 12

1. Una visione diversa delle cose ... 21
2. La sofferenza ... 34
3. Il mito e l'archetipo come possibilità di aiuto ... 44
4. La Biodinamica Craniosacrale ... 51
5. Il volo finale di una farfalla ... 70
6. Somatic Experiencing®: il trauma non è solo un evento ... 80
7. Ritrovare la propria strada *di Gabriella Caiazzo* ... *95*
8. La Teoria Polivagale: un approccio olistico al nostro SNA (Sistema Nervoso Autonomo) ... 105
9. Pietre e Cristalli ... 114
10. I Fiori di Bach ... 119
11. L'Abbandono ... 123
12. Il Rifiuto ... 146
13. L'Umiliazione ... 160
14. Il Tradimento ... 176
15. L'Ingiustizia ... 198
16. Ferite, Risorse e Polarità: i casi di Norman Cousin e Louise Hay ... 216

Conclusioni ... 229
Ringraziamenti ... 223
Indirizzi utili ... 236
Bibliografia ... 236
Indice dei personaggi famosi citati ... 238

SCHEDA BIBLIOGRAFICA

Allasia, Gioacchino

Kintsugi - Il dolore che aiuta: Sofferenze e difficoltà come vie di trasformazione / Gioacchino Allasia. Cesena (FC): Macro, 2019.

240 pp.; 13,5x20,5 cm (Medicina Psicobiologica)

ISBN 9788828504306

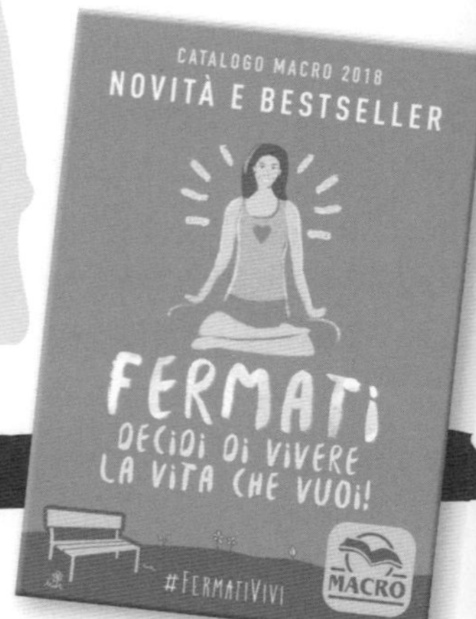